# Microsoft®
# Windows
## 2000

### Manual de uso
### y configuración

**Ricardo Goldberger**

MP Ediciones S.A., Moreno 2062, 1094 Buenos Aires, Argentina
Tel. (54-11) 4954-1884, Fax (54-11) 4954-1791

ISBN  987-526-029-0

Primera edición impresa en febrero de 2000, en Sociedad Impresora Americana.
Lavardén 153/157, Capital Federal, Argentina.

## SOBRE EL AUTOR

Ricardo D. Golberger es médico y periodista científico. Un día quiso probar si su *hobby* podía ser, además, rentable; y comenzó a escribir artículos para PC Users sobre Windows e Internet Explorer.

En la actualidad, sus trabajos continúan apareciendo como nota de tapa de la revista, además de tomar forma de libro.

A veces, hace incursión por la radio y divulga sus conocimientos científicos y, cuando logra escapar de su consultorio o de la pantalla de TV (le encanta ver videos), lee libros sobre ciencia ficción, escucha buena música y camina por la avenida Corrientes.

## SOBRE LA EDITORIAL

MP Ediciones S.A. es una editorial argentina especializada en temas de tecnología (Computación, IT, Telecomunicaciones). Entre nuestros productos encontrará: revistas, libros, fascículos, CD-ROMs, sitios en Internet y eventos.
Nuestras principales marcas son: PC Users, PC Juegos, Insider, Aprendiendo PC y Compumagazine.
Si desea más información, puede contactarnos de las siguientes maneras:
Sitios web: www.mp.com.ar, www.bookshow.com.ar
*E-mail*: libros@mponline.com.ar
Correo: Moreno 2062, (1094) Capital Federal, Argentina
Fax: 54-11-4954-1791
Tel: 54-11-4954-1884

# PRÓLOGO

Este libro trata sobre el nuevo sistema operativo que Microsoft lanzó recientemente al mercado.

Durante mucho tiempo se ha dicho que Windows 2000 sería el producto resultante de la unión entre la serie 9x (Windows 95/98) y la serie NT, de la que NT 4 es su último exponente.

Según desde qué punto de vista se lo observe, esto es cierto... o no.

La información periodística aparecida hasta fines de 1998 decía que en el año 2000 desaparecerían ambas series de sistemas operativos, convergiendo en una sola, de la que el escalón más bajo (en ese momento llamado *Windows 2000 Consumer Edition*) sería la versión para el usuario final y, a medida de que se fuese subiendo en la escala, aparecerían versiones más específicas, como para autoedición, para negocios, para grandes bases de datos, etc.

Microsoft nunca lo confirmó, pero tampoco lo negó.

A principios de 1999, sin embargo, la empresa comenzó a enviar información acerca del lugar que ocuparían ambas series de sistemas operativos, los cuales no se unirían en una sola versión, sino que seguirían, por lo menos durante un tiempo más, como dos líneas separadas de productos.

Windows 98 sería el sistema operativo de elección en el ambiente hogareño. Como está diseñado para proveer altas prestaciones multimedia, así como un muy completo soporte de *hardware*, es el sistema preferido sobre el que se desarrollan juegos, enciclopedias multimedia e, incluso, programas gráficos de mediana exigencia. La prueba de la persistencia de la serie 9x no es otra que la aparición, a mediados de 1999, de Windows 98 Segunda Edición, una versión corregida y mejorada, que, entre otras cosas, integra Internet Explorer 5 y la capacidad de compartir conexiones telefónicas.

Por su parte, Windows 2000, al haber heredado toda la solidez y los sistemas de seguridad de Windows NT, sería el sistema operativo de elección en aplicaciones de negocios, empresarias, corporativas, etc.

Con el producto en la mano, sin embargo, podemos llegar a la conclusión de que ambas posturas se sintetizaron en una sola. Dicho en otras palabras, Windows 2000 ofrece lo mejor de ambos mundos: la solidez y seguridad de NT junto a la facilidad de manejo, soporte de *hardware* y multimedia de Windows 98.

Este libro no pretende, tal como no lo hace Windows 2000, ir al consumidor final o al usuario novato. Muchas de las cosas que normalmente se dirían si así fuera, tales como explicaciones elementales sobre la interfase o relaciones básicas de manejo del sistema operativo, se van a obviar, ya que se supone que quienes van a disfrutar de Windows 2000 serán o el operador de escritorio, el cliente de red –que no necesita conocimientos especiales de administración de red pero que ya tiene experiencia en Windows– o el administrador de la red o encargado de montar o de hacer mantenimiento –que necesita conocer "por dónde" se hacen las tareas–.

Esta obra se ha escrito basándose en las versiones beta 3 (build 2031) y Release Candidate 1 (build 2072) en inglés y Release Candidate 2 (Revisión 2128) en castellano de Windows 2000 Professional y Server. Si bien no eran las versiones finales –no todo estaba traducido y no se descarta algún cambio de último momento–, no creo que las modificaciones sean tan importantes como para que lo que aparece en el libro resulte muy diferente.

La bibliografía consultada incluye *Microsoft Windows 2000 Beta Training Kit*, de Rick Wallace, *Introducing Windows 2000 Professional*, de Jerry Honeycutt e *Introducing Windows 2000 Server*, de Anthony Northrup, todos libros publicados por Microsoft Press; otra documentación adicional es *Windows 2000 Server Resources Kit beta 3 version, Windows 2000 Evaluation & Deployment Kit* y *Microsoft Technet*.

Agradezco a la gente de Microsoft, en especial a Ignacio Roizman y a Jorge Cella, Gerentes de Producto de Windows, que estuvieron a mi disposición cada vez que los requerí; también a Romina Schnaider, suave pero firme editora que me dio todas las libertades pero así me exigió, y a mis colegas, los periodistas científicos e informáticos que siempre me alentaron.

*Ricardo Goldberger*
*ricardo.d.g@usa.net*

# EN EL CD-ROM

En el CD-ROM hemos incluido el **Kit de evaluación e implementación**, cedido gentilmente por la gente de Microsoft Argentina. El mismo contiene toda la documentación original destinada a los profesionales que necesitan más información y, sobre todo, entrenamiento en el soporte y desenvolvimiento de Windows 2000. Entre otras cosas, se incluye una guía interactiva de evaluación, con documentos técnicos, demostraciones de productos e información de apoyo.

## Cómo ejecutar el CD-ROM

El CD-ROM se ejecuta automáticamente siempre y cuando tenga habilitada la opción de `Autoarranque` en su sistema. Si no tiene habilitado el autoarranque, puede ejecutar el CD mediante el archivo `D:\EDK.EXE` (siempre que `D:` sea la unidad de su lectora de CD-ROM).

## Uso del CD-ROM

Para utilizar el CD-ROM es necesario contar con Internet Explorer. Luego de ejecutar el CD, tendrá la opción de instalar Internet Explorer 5 (en caso de no estar instalado en el equipo), y los visores de Word y PowerPoint (para quien no posea el paquete Office).

La página principal ofrece tres formas de acceder a la documentación almacenada en el CD. Si hace clic en cualquiera de las imágenes, se abrirá la sección correspondiente. También puede hacer clic en la solapa `índice` para encontrar toda la documentación ordenada por temas.

# EN ESTE LIBRO

## CAP. 1: INSTALACIÓN

Todo lo que hay que saber sobre las distintas opciones de instalación de Windows 2000 Server y Professional, y la solución a los problemas más frecuentes.

## CAP. 2: CAMBIOS Y MEJORAS EN LA INTERFASE

Un recorrido por los cambios, mejoras y agregados que Windows 2000 ofrece en la interfase para la optimización del manejo y configuración de ventanas, accesos directos y menúes.

## CAP. 3: MICROSOFT MANAGEMENT CONSOLE

La configuración y el uso de la principal herramienta de administración de Windows 2000.

## CAP. 4: HARDWARE

El soporte de *hardware* que trae Windows 2000, cómo se instalan y configuran los dispositivos, y se controla el consumo de energía.

## CAP. 5: DISCOS Y ARCHIVOS

Una introducción a la administración de discos y de los sistemas de archivos que es capaz de manejar Windows 2000.

## CAP. 6: CONFIGURACIÓN DE LA RED

Qué componentes tiene, cómo se configura y mantiene una red administrada por Windows 2000.

## CAP. 7: ACTIVE DIRECTORY

Qué prestaciones ofrece y cómo se configura el nuevo sistema de directorios de Windows 2000.

## CAP. 8: COMUNICACIONES

Un recorrido por las distintas tecnologías incluidas en Windows 2000. Las comunicaciones por vía telefónica, la configuración de los servicios para Internet y mucho más.

## CAP. 9: SEGURIDAD

Las nuevas tecnologías, mecanismos y protocolos de seguridad que utiliza Windows 2000. Entre ellas, los certificados y claves, protocolos de autenticación (Kerberos), soporte para *smart cards* y sistema de cifrado de datos

## APÉNDICE A: MIGRANDO A: WINDOWS 2000

Las pautas a seguir para lograr una migración exitosa basada en un esquema de seis pasos del libro *Introducing Windows 2000, de* Anthony Northrup.

## APÉNDICE B: PARÁMETROS DE LÍNEA DE COMANDOS

Los parámetros que se pueden adicionar para modificar el comportamiento de winnt.exe y de winnt32.exe.

## SERVICIOS AL LECTOR

Guía de sitios *web* relacionados.
Los principales atajos de teclado de Windows.
Índice alfabético.

# REQUERIMIENTOS MÍNIMOS

Para leer este libro usted debería:

- Tener conocimientos básicos de computación: administración de archivos, carpetas/directorios, tareas básicas de sistema operativo.
- Haber utilizado Windows en cualquiera de sus versiones: 3.1, 95, 98 y NT.
- Tener conocimientos básicos de red: topología, administración, servicios, tipos de redes (par a par, cliente/servidor, etc.).

# SUMARIO GENERAL

## CAP. 1: INSTALACIÓN

## CAPITULO 2: CAMBIOS Y MEJORAS EN LA INTERFASE

# INTRODUCCIÓN

Un vistazo general del producto, sus versiones y características más importantes.

Microsoft ha posicionado tradicionalmente a Windows NT como el sistema operativo más conveniente para el ambiente corporativo. De hecho, a partir de la aparición de NT 4, Windows se ha revelado como sumamente estable, de gran performance y con mecanismos de seguridad muy pocas veces vistos tanto en la familia Windows como con respecto a otros sistemas operativos.

Sin embargo, Windows NT 4 nunca compartió la popularidad de sus "hermanos menores" Windows 95 y 98, incluso como sistema operativo cliente de redes. Las principales razones tenían que ver con un deficiente soporte de *hardware* –en comparación con las versiones 9x–, una dificultad bastante marcada en la configuración y bastante poca flexibilidad en lo que a *software* se refiere.

Con la aparición de Windows 2000, todo esto cambiará radicalmente. A las fortalezas habituales de NT –estabilidad, confiabilidad y seguridad– hay que agregar lo mejor de Windows 98, especialmente en el soporte y configuración de *hardware*, más una serie de mejoras tanto de funcionalidad como de interfase.

En principio, convengamos en definir a Windows 2000 como un sistema operativo multipropósito con soporte integrado para redes cliente/servidor y par a par. Las dos características más importantes, en cuanto a la filosofía del producto, se pueden resumir en dos títulos:

- **Costo total de propiedad** (*Total cost of ownership*). Es el monto total de tiempo y dinero asociado con la compra de *software* y *hardware*. Esto incluye la actualización o montaje, configuración y mantenimiento de ambos elementos dentro de parámetros en los que la pérdida de productividad sea mínima.
- **Escalabilidad**. La red va aumentando su tamaño y prestaciones en función del crecimiento y desarrollo de la empresa, adicionando componentes y servicios, y actualizando.

Ambas características son cubiertas por Windows 2000, cada una a su manera, a través de distintos mecanismos. El principal de ellos es utilizar una mejor administración centralizada por medio, entre otras cosas, del nuevo sistema de instalación Windows Installer, que no sólo permite la instalación a distancia, sino que establece servidores desde los cuales la actualización o reparación de *software* se puede llevar a cabo de manera automática y transparente al usuario. *Plug & Play* es otro mecanismo que resuelve una serie de incompatibilidades de *hardware* que anteriores versiones de NT no habían podido solucionar.

El otro factor, la escalabilidad, se encuentra no sólo en los distintos "modelos" de Windows 2000 sino también en la capacidad de ir adecuando el *hardware* a los requerimientos eventualmente crecientes de una empresa. En otras palabras, Windows 2000 tiene opciones que le permiten cubrir desde una PyME hasta una gran red empresaria (WAN).

*Las dos versiones de Windows que veremos en este libro son,*
*en definitiva, las más extendidas.*

Las cuatro versiones de Windows 2000, que combinan la facilidad de uso de Windows 98 con la seguridad, confiabilidad, administración y performance de Windows NT, que saldrán al mercado son:

• **Windows 2000 Professional** (Windows 2000 Pro, sucesor de NT Worksta-

tion) está destinado a ser un cliente de red seguro y una estación de trabajo corporativa. Soporta hasta **2** procesadores y es útil, como sistema operativo autónomo, para correr aplicaciones de alta performance, especialmente en diseño gráfico, por ejemplo. Microsoft lo promociona como el principal sistema operativo de escritorio en un entorno de negocios.

- **Windows 2000 Server** (sucesor de NT Server) soporta hasta **4** procesadores
  y está destinado a ser el servidor de impresión, archivos, aplicaciones e, incluso, *Web*, de una empresa pequeña a mediana.
- **Windows 2000 Advanced Server** (sucesor de NT Server Enterprise Edition)
  soporta hasta **8** procesadores y será el servidor departamental de aplicaciones en empresas medianas a grandes, con más de un dominio. Entre otras
  prestaciones, se incluye soporte para RAID y *fault tolerance*.
- **Windows 2000 Datacenter Server** soporta hasta **32** procesadores y sólo se
  entregará sobre pedido. Está destinado a grandes empresas que requieran
  *data warehousing*, análisis econométricos, simulaciones científicas e ingenie-
  riles a gran escala, etc.

Las dos versiones más grandes escapan de los límites de este libro, en el
que veremos las prestaciones más importantes de Windows 2000 Pro y Server.

Para hacer una síntesis de las características más importantes de ambos
productos, veamos la siguiente tabla:

| Característica | Descripción |
| --- | --- |
| Bajo costo total de propiedad | La reducción del costo total de propiedad se lleva a cabo por medio de un sistema de instalación y actualización de aplicaciones automatizadas, y simplificando la instalación y configuración de las máquinas cliente, de manera local y/o remota. La interfase es la de Windows 98, más pulida y mejorada, por lo que es en general intuitiva y representa una baja curva de aprendizaje. A esto hay que agregarle variedad de asistentes y amplia ayuda contextual. |
| Seguridad | Autenticación de usuarios antes de que tengan acceso a los recursos o datos de una computadora de la red. Seguridad local y de red en auditar archivos, carpetas, impresoras y otros recursos. |
| Servicios de directorio | Almacenan información sobre recursos de red tales como cuentas de usuario, aplicaciones, recursos de impresión e información de seguridad. Provee los servicios que permiten a los usuarios acceder a los recursos a través de toda la red y de localizar usuarios, computadoras, etc. Los administradores pueden administrar y asegurar esos recursos. Windows 2000 Server almacena y administra información de Active Directory, |

| | el servicio de directorios de Windows 2000. |
|---|---|
| Performance y escalabilidad | Soporta multiprocesamiento simétrico en computadoras con más de un microprocesador y multitarea para procesos y programas. |
| Servicios de red y comunicaciones | Provee soporte incorporado para los protocolos de red más populares, incluyendo TCP/IP y clientes de redes. Suministra conectividad con Netware de Novell, Unix y AppleTalk. Posee Acceso Telefónico a Redes y Servidor telefónico, lo que permite conectarse a usuarios móviles. Windows 2000 Pro soporta una sesión DUN entrante, mientras que Windows 2000 Server admite hasta 256. |
| Integración con Internet | Los usuarios pueden navegar tanto por la red, la *intranet* como Internet, buscando y usando recursos, de la misma manera y usando la misma interfase. Windows 2000 Pro incluye un servidor *web* personal lo que permite crear un pequeño servidor local para una *intranet* o para desarrollo de páginas. Windows 2000 Server viene con Internet Information Services, una plata forma para servidor de *web* seguro, con soporte para los protocolos HTTP, SMTP, y FTP. |
| Herramientas de administración integrada | Mediante la Microsoft Management Console, el administrador puede centralizar las herramientas de administración local y remota en una misma interfase, así como crear combinaciones personalizadas que pueden incluir herramientas de terceros fabricantes. |
| Soporte de *hardware* | Soporte de *hardware Plug & Play*, que Windows 2000 detecta, instala y configura automáticamente. Incluye nuevas tecnologías como USB. |

Otras novedades de Windows 2000 incluyen a los asistentes, muchos de los cuales permiten llevar a cabo tareas de instalación, configuración y resolución de problemas, tanto de *hardware* como de *software*.

El **Asistente para agregar o quitar hardware** detecta y configura automáticamente los dispositivos *Plug & Play* que el usuario pueda montar en el equipo, instalando los controladores correspondientes, ya sea que vengan en el CD-ROM de instalación de Windows como en algún medio provisto por el fabricante. Este asistente también tiene la capacidad de auxiliar al usuario a diagnosticar y corregir los dispositivos que no funcionan bien.

El **Asistente para agregar o quitar programas**, dependiente de Windows Installer, provee más información y más capacidades, incluyendo más facilidades para la instalación desde la red. También proporciona al usuario información sobre el tamaño, la frecuencia de uso y la última fecha de uso de cada aplicación instalada. En la medida de que los programas de instalación de las aplicaciones vayan aprovechando Windows Installer, será más fácil la instalación, administración, mantenimiento y reparación del *software*.

Otra prestación de la que hace uso Windows 2000 es Windows Update, el sitio *web* del que se puede actualizar automáticamente la configuración, accediendo a los últimos controladores, a parches y correcciones y a las eventuales mejoras del sistema operativo.

Adicionalmente, muchos de los cambios de configuración y actualizaciones que en Windows NT requerían *rebooteos* o cierres y arranques de servicios, se fueron eliminando. Según Microsoft, de 75 cambios de configuración que requerían reinicios, sólo han quedado siete.

Otras prestaciones que se verán en el resto del libro incluyen mejoras en la conectividad –desde conexiones infrarrojas hasta redes privadas virtuales–, asistencia en instalación de impresoras y tarjetas PC Card, sincronización de carpetas y archivos, etc.

Vaya internándose en lo nuevo que le ofrece Windows 2000.

# INSTALACIÓN

Donde se ve qué hace falta para instalar Windows 2000 Server y Professional, qué opciones de instalación existen y qué hacer si hay algún problema.

**Capítulo** 1

# Preparándose para instalar

El programa de instalación de Windows 2000 suele hacer varias preguntas sobre el tipo de instalación que se va a llevar a cabo, qué componentes son necesarios y qué destino se le va a dar a cada máquina en particular.

Para satisfacer a todos los requerimientos y, sobre todo, planificar adecuadamente el funcionamiento de la red, es necesario llevar a cabo algunas tareas **antes** de instalar el sistema operativo. De ellas nos vamos a dedicar en este apartado.

Entre las labores que es necesario cumplir (utilice esta enumeración como *checklist*), se destacan:

- Identificar los requerimientos necesarios para instalar Windows 2000, tanto Server como Professional y asegurarse de que el *hardware* que usted tiene los cumple.
- Determinar si el *hardware* figura en la **Lista de compatibilidad de hardware** (*Hardare Compatibility List* – HCL). Lo mismo ocurre con el *software.*
- Determinar la mejor manera de particionar el disco en el que se va a instalar Windows 2000.
- Elegir un sistema de archivos para cada partición. Si tiene otro sistema operativo ya instalado, debe elegir si actualiza o crea un doble *booteo.*
- Elegir el modo de licenciamiento para la computadora encargada de correr Windows 2000 Server.
- Identificar si la computadora se va a unir a –o será servidora de– un dominio o un grupo de trabajo (*workgroup*).

A diferencia de su antecesor, Windows NT 4, Windows 2000 tiene un mejor reconocimiento del *hardware*. De hecho, su tecnología *Plug & Play* registra más de 4.000 dispositivos, además de la posibilidad de detectar otros modelos desconocidos a partir de la información que éstos brindan, y obrar en consecuencia, ya sea solicitando discos del fabricante o instalando controladores genéricos.

Vimos también que Windows 2000 puede instalarse sobre dos tipos de procesadores, Alpha e Intel. Ahora veremos los requerimientos mínimos y los recomendados para instalar Windows 2000 en ambas plataformas.

## Identificar los requerimientos

Todos sabemos que suele haber una diferencia importante entre los requerimientos mínimos y los recomendados. Es verdad que cuando un equipo cumple con los requerimientos mínimos, el sistema operativo no sólo puede instalarse sino que también funciona. Pero exceder los requerimientos mínimos y tener en cuenta, por lo menos, los recomendados, asegura un rendimiento y una velocidad de operación mucho mejor. Aunque se considera que si una computadora corre NT 4, es capaz de correr Windows 2000 aceptablemente bien, vamos a actualizar la lista de mínimos y recomendados tanto para Windows 2000 Server como para Pro.

### *Windows 2000 Server*

| Componente | Mínimos | Recomendados |
|---|---|---|
| CPU | Pentium 166 MHz o Compaq Alpha | Pentium II o Compaq Alpha EV 4 200 MHz |
| RAM | 64 MB cuando se soportan hasta 5 clientes; 96 para Alpha | 128 MB o más |
| Espacio en disco para la partición que va a tener el sistema de archivos | 680 MB para Intel, 370 para Alpha | 1 GB |

### *Windows 2000 Pro*

| Componente | Mínimos | Recomendados |
|---|---|---|
| CPU | Pentium o Compaq Alpha. | Pentium II o Compaq Alpha EV 4 200 MHz |
| RAM | 32 MB para Intel; 48 para Alpha | 96 MB o más |
| Espacio en disco para la partición que va a tener el sistema de archivos | 500 MB para Intel, | 1 GB 350 para Alpha |

### AVISO POR FALTA DE ESPACIO

El tamaño del *cluster* (distinto, recordemos, para FAT y FAT 32), el tamaño de la RAM y el sistema de archivos que elijamos, afectan a la cantidad de espacio realmente requerido para la instalación. El programa de instalación avisará si no tiene espacio suficiente.

Otros dispositivos a contemplar listan una lectora de CD-ROM de 12X como mínimo en el caso de instalar desde CD, una plaqueta de red para interconexión (Server soporta varias al mismo tiempo), monitor y plaqueta VGA (recomendados SVGA 800 x 600, 16 bits), etc.

Una manera de facilitar la actualización es asegurarse que Windows 95, 98 o NT 4 se conectan correctamente con la red.

## La Lista de compatibilidad

La diversidad de periféricos y dispositivos es tal que, ante la duda, siempre es conveniente consultar la **Lista de compatibilidad de hardware** (*Hardare Compatibility List*), de la cual hay una copia en la carpeta `\Support` del CD-ROM de instalación. Siempre puede buscarse, además, la última versión, en el sitio *web* de Microsoft, en www.microsoft.com/hwtest/hcl. Sin embargo, el hecho de que un determinado dispositivo no figure, no quiere decir que no funcione. Pruebe, en un entorno seguro, un *driver* genérico o el controlador correspondiente al chip.

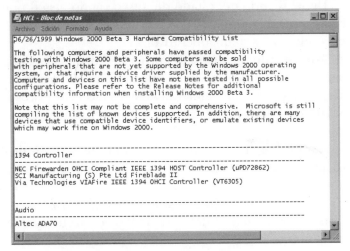

*La Lista de compatibilidad de hardware es el primer lugar al que hay que recurrir para asegurarse de no tener sorpresas con los equipos.*

Con respecto a Alpha, según la antigüedad del equipo, éste puede tener un *firmware* del tipo ARC (*Advanced RISC Computing*) o, en el caso de los más nuevos, AlphaBIOS. En cualquier caso es conveniente estar al tanto de las actualizaciones.

Con respecto al *software*, asegúrese de que las aplicaciones que utiliza funcionen en Windows 2000 o que, por lo menos, tengan algún paquete de actualización. Comuníquese con su proveedor o navegue por Internet al sitio del fabricante y averigüe si existen y si son necesarios los *upgrade packs*, paquetes de actualización que Windows le puede solicitar durante la instalación (vea más adelante).

HAY QUE SABERLO

## COMPAQ SE ACTUALIZA

Compaq recomienda actualizar a las últimas versiones de *firmware*, ya que éstas contienen mejoras y correcciones. Más información sobre la actualización se puede encontrar en www.windows.digital.com/support.

## Particionar el disco

El programa de instalación de Windows 2000 examina el disco rígido para determinar su configuración. Luego ofrece la opción de instalar Windows en una partición existente o crear una nueva para hacerlo.

Dependiendo del estado del disco rígido, usted puede crear particiones nuevas o utilizar las ya existentes, siempre que se adecuen a la necesidad del sistema operativo.

Aun cuando puede usar el programa de instalación para crear otras particiones, lo ideal es crear sólo aquella que Windows va a utilizar y luego emplear la herramienta **Administración de discos** (vea el Capítulo 5, **Discos y archivos**) para particionar cualquier espacio que todavía quede en el disco.

Aunque se puede tener un mínimo de 500 MB de espacio en disco para correr la instalación, Microsoft recomienda instalar Windows 2000 en una partición de 1 GB o más, de modo no sólo de contar con mayor flexibilidad, sino también con espacio para actualizaciones, herramientas del sistema y otros archivos que puede necesitar Windows.

*El Administrador de discos se puede encargar de particionar y formatear
el resto del disco que no se procesó durante la instalación.*

## Sistemas de archivos

Después de crear la partición, la instalación le permite elegir el sistema
de archivos que usará para formatearla. Los tres sistemas de archivos que
soporta Windows 2000 son NTFS, FAT 16 (o simplemente, FAT) y FAT 32.

NTFS v. 5 es el sistema de archivos de elección, ya que permite, entre otras cosas, control de acceso de seguridad a archivos y carpetas,
compresión de archivos en tiempo real, cuotas de disco y encriptación.
Asimismo, para convertir un servidor en controlador de dominio, el
disco debe estar formateado en NTFS.

FAT y FAT 32, por su parte, permiten mantener otro sistema operativo en el mismo equipo, a costa de sacrificar seguridad a nivel de archivos. Si va a crear un equipo de doble *booteo*, debe formatear en FAT
o FAT 32. De hecho, la única partición que obligatoriamente tiene que
tener FAT es la de *booteo*, ya que si, por ejemplo, tiene Windows 98 en
`c:`, puede mantener FAT en esa unidad y poner NTFS en `D:`.

Si decide formatear en FAT, si la partición es menor de 512 MB,
Windows formateará automáticamente en FAT 16, mientras que si es
mayor, lo hará en FAT 32. A diferencia de Windows 98, Windows 2000
no posee un accesorio de conversión de FAT a FAT 32. En cambio sí lo
tiene –se llama `convert.exe` y es una aplicación de consola– de FAT-
/FAT 32 a NTFS.

## LA PARTICIÓN FAT 32 MÁS GRANDE

Si bien el tamaño máximo teórico de una partición FAT 32 es de 2 TB (terabytes), Windows 2000 no puede dar un formato mayor de 32 GB.

Si usted está actualizando, el programa de instalación le dará la opción de elegir entre **Convertir** y **Formatear**. **Convertir** mantendrá todos los datos y la configuración del sistema que usted está actualizando (Windows 95, 98 o NT 4), mientras que **Formatear** creará una partición vacía que usted tendrá que llenar.

La conversión, si bien permite ahorrar tiempo, puede dejar el disco más fragmentado y almacenar algo de "basura", es decir, archivos antiguos que ya no se usen pero que ocupan espacio. **Formatear** aumenta el rendimiento del sistema permitiendo una instalación limpia, pero después deberá reinstalar todas las aplicaciones y los datos.

Aun así, salvo que medien razones de peso, hacer un *backup* de la información más importante, instalar desde cero y restaurar luego la información, es el procedimiento recomendado.

Finalmente, digamos que si Windows se va a instalar solo, en un equipo conectado a la red, es altamente recomendable elegir NTFS, ya que el resto de los equipos pueden leer la información de NTFS a través de la red, aun cuando posean sistemas operativos distintos.

Más información la encontrará en el Capítulo 5, **Discos y archivos**.

## PARA TENER EN CUENTA

Recuerde que sólo Windows 2000 y NT pueden leer un disco local formateado en NTFS. FAT 32 es leído por Windows 2000, Windows 98 y Windows 95 OSR 2.
De todos modos, no es conveniente que el servidor tenga doble *booteo*.

## ATENCIÓN

Los sistemas de archivos NTFS de Windows 2000 y NT 4 son distintos. Windows 2000 es capaz de leer particiones formateadas con NTFS v. 4, pero sólo es capaz de escribir luego de convertirlas. Por su parte, Windows NT 4 sólo puede leer particiones de NTFS v. 5 si se instaló el Service Pack 4. Si Windows 2000 se instala sobre NT 4, actualiza NTFS.

## Sistemas con doble booteo

Se denomina **doble** *booteo* a una configuración en la que dos sistemas operativos están instalados en el mismo equipo. Cuando la computadora arranca, usted puede elegir en qué sistema operativo lo hace. Con Windows 2000 Server no se recomienda, pero Windows 2000 Pro se puede instalar con una variedad de sistemas operativos que incluyen Windows 95, 98 y MS-DOS. Incluso puede combinar Windows 2000 con Windows NT 4 Workstation si, llegado el caso, necesita asegurarse de que las aplicaciones que utiliza en NT 4, funcionan adecuadamente en 2000.

Instalar Windows 2000 en la misma carpeta que el sistema operativo anterior se considera actualización, mientras que hacerlo en otra carpetas distinta al previo, automáticamente asegura el doble *booteo*.

Aunque es posible instalar Windows 2000 en la misma partición que el sistema operativo anterior, se recomienda hacerlo en otra, ya que de esa manera uno se asegura de que no hay archivos clave que puedan sobrescribirse.

Hay ciertos cuidados que hay que tener para crear combinaciones de doble *booteo* y a continuación vamos a ver los más importantes.

- El orden en el que se instalen Windows 2000 y Windows 98 no es importante, ya que este último está preparado para reconocer la presencia de NT/2000 y añadirse al gestor de arranque. Sin embargo, deberá elegir FAT o FAT 32 como el sistema de archivos.
- En una combinación Windows 2000 - MS-DOS, primero hay que instalar MS-DOS, ya que sino sobrescribirá el sector de *booteo* de Windows 2000. En este caso, el sistema de archivos debe ser FAT.
- De la misma manera, para combinar Windows 2000 con Windows 95, deberá instalar primero éste. Si se trata de Windows 95 original o Windows 95 + SP 1 (950 a), el sistema de archivos debe ser FAT; si es Windows 95 OSR 2 (950 B), puede elegir FAT 32.
- Windows 2000 **no soporta** DriveSpace ni DoubleSpace, por lo que no se podrá instalar en particiones comprimidas con estos productos, presentes en MS-DOS, Windows 95 y 98. En caso de ser instalado en una partición no comprimida, tampoco tendrá acceso a los volúmenes sin montar.
- Si desea instalar juntos Windows 2000 y NT 4, debe tener en cuenta que necesitará una cuenta de computadora única para cada sistema operativo. Asimismo, NT 4 no podrá acceder a volúmenes NTFS 5 a

menos que tenga el SP 4 instalado. Tampoco se podrán utilizar Chkdsk, Defrag y el disco de Reparación de Emergencia de NT luego de instalar 2000. Tampoco tendrá acceso desde NT a los archivos que encripte usando 2000.

Hay otras cosas para tener en cuenta. No se puede combinar Windows 2000 con NT 3.51. También, que como Windows 95, 98 y 2000 son sistemas operativos *Plug & Play*, pueden producirse algunos conflictos de *hardware* entre uno y otro ya que es posible que, cada uno por su lado, configure los recursos a utilizarse de manera distinta.

Windows 2000 no soporta OS/2, sin embargo, se lo puede instalar en un sistema con doble *booteo* con OS/2. En este caso, Windows 2000 se alternará con el sistema operativo utilizado último. En otras palabras, si se arranca la instalación desde MS-DOS, Windows 2000 ofrecerá *bootear* entre él y MS-DOS.

HAY QUE SABERLO

## INSTALAR MÁS DE DOS SISTEMAS OPERATIVOS

Mediante programas de terceros fabricantes, como System Commander y Partition Magic, usted puede instalar más de dos sistemas operativos, incluyendo dos versiones del mismo en distintos idiomas, y disponer de un menú de inicio que le permite elegir en cuál va a *bootear*.

MÁS DATOS

## ATENCIÓN

Instalar dos sistemas operativos en el mismo equipo significa instalar en ambos las aplicaciones que se van a compartir. La mejor manera de hacerlo, si ésta lo permite, es instalar la aplicación en la misma carpeta, de modo de que sólo se dupliquen los archivos que van dentro de las carpetas de Windows. Si más adelante se desinstala uno de los sistemas operativos, no es necesario hacerlo con las aplicaciones. Por el otro lado, tenga en cuenta que desinstalar un programa desde uno de los sistemas operativos hace que sus archivos también desaparezcan en el otro.

CURIOSIDADES

### PARA TENER EN CUENTA

En la carpeta \I386 del disco de instalación de Windows 2000 Pro se encuentra el archivo ntfs40.sys. Si instala Windows 2000 con NT 4, pero no posee el Service Pack 4, reemplace el archivo ntfs.sys de \Winnt\System32 de NT 4 por la versión del CD, previo cambio de nombres, para poder leer NTFS 5

## Licencias

Además de las licencias que son necesarias para instalar Windows 2000 en las computadoras servidoras y clientes, también es necesario licenciar cada conexión de cliente con el servidor.

La **Licencia de acceso a clientes** (*Client Access License* – CAL) da a los equipos clientes el derecho de conectarse con servidores Windows 2000 y utilizar los servicios y recursos compartidos.

El programa de instalación de Windows 2000 Server pregunta cuál será el modo de licenciamiento y usted puede elegir uno de dos:

El modo **Licencia por puesto** (*Per Seat Licensing*) requiere una CAL separada para cada computadora cliente que acceda al servidor Windows 2000 en procura de servicios de red básicos. En cuanto una cliente adquiere una CAL, puede usarse para acceder a cualquier servidor 2000 de la red de la empresa. Licencia por puesto es apropiado para redes grandes en las que las computadoras clientes pueden conectarse a más de un servidor. No hay límites en el número de conexiones concurrentes a cualquier servidor.

En el modo **Licencia por servidor** (*Per Server Licensing*), las CALs se asignan a un servidor particular. Cada CAL permite una conexión por cliente y hay que tener tantas CALs dedicadas a un servidor como el número máximo de clientes que se van a conectar concurrentemente a ese servidor en cualquier momento. Las conexiones son asignadas en base al concepto *first-come, first-served* (el que primero entra, se sirve primero) y limitadas al número máximo de conexiones permitidas.

Este modo es preferible en pequeñas compañías que tienen sólo un servidor Windows 2000. También es útil para servidores de Internet o de acceso remoto en los cuales los clientes pueden no estar licenciados para acceder a un servidor Windows 2000.

Si no está seguro de qué esquema de licenciamiento utilizar y sólo instala un equipo como servidor, elija **Por servidor**, ya que en el caso de que la red crezca, siempre podrá hacer el cambio a **Por puesto** más adelante.

SUGERENCIA

### UN DATO MUY IMPORTANTE

El cambio de **Por servidor** a **Por puesto** puede hacerse sólo una vez y es de vía única. No sólo no puede revertirse sino que el cambio de **Por puesto** a **Por servidor** no existe.

Cuando las computadoras de una red son utilizadas por varios usuarios cada una, la mejor manera de resolver posibles conflictos es crear grupos de licencia. El servicio de licenciamiento es capaz de asignar y rastrear el uso de licencias por nombre de usuario. Crear grupos de licenciamiento permite controlar correctamente las licencias cuando múltiples usuarios comparten una computadora o un mismo usuario utiliza más de una.

Los únicos servicios que no necesitan una CAL son:

- Acceso anónimo o autenticado a Windows 2000 mediante Internet Information Server (IIS) 4.0 o a otra aplicación servidora *web* que provea HTTP.
- Conexiones mediante Telnet y FTP.

HAY QUE SABERLO

### RECUERDE

**Licencia por puesto** es la mejor opción cuando los clientes utilizan múltiples servidores. **Licencia por servidor** es la opción de elección cuando hay sólo un servidor al que accede sólo un conjunto determinado de clientes en cualquier momento.

## Dominios o grupos de trabajo

Durante la instalación, también tiene que decidir si la computadora se unirá a un **Grupo de trabajo** (*Workgroup*) o a un **Dominio** (*Domain*)

Un grupo de trabajo es, como su nombre lo indica, un conjunto de máquinas compartiendo los mismos recursos de una red. Agregar una computadora a un grupo de trabajo se denomina **unirse a un grupo**.

Si usted está instalando Windows 2000 Pro, sólo debe indicar el nombre del grupo al que se unirá. Si instala Windows 2000 Server, éste se unirá como un servidor autónomo. En ese caso, no sólo puede ingresar el nombre del grupo al que va a unirse sino también crear un grupo propio.

Recordemos que se llama servidor autónomo al equipo corriendo Windows 2000 Server que no está unido a ningún dominio.

Un **dominio** es un **espacio de nombre** (*namespace*) con el que se identifica un recurso en una red IP. Cada espacio de nombre está indisolublemente unido a una dirección IP que le es única. El **Controlador de dominios** (*domain controller*) es el servidor encargado de administrar los nombres y direcciones IP de una parte o toda la red. En otras palabras, un dominio es un grupo lógico (físicamente las computadoras pueden estar en cualquier parte del mundo y conectadas por medio de cualquier tipo de conexión) que provee una colección de cuentas de usuario y una base de datos de seguridad que hace que cada computadora del grupo sea reconocida por el resto de las computadoras del dominio. Se dice que una computadora participa de un dominio –está unida a él– cuando utiliza la base de datos de seguridad de un dominio para validarse y autenticar la identidad o las credenciales al ingresar a él. Vea más detalles en el Capítulo 7, **Active Directory**.

El **Servidor de nombres de dominio** (*Domain Name Server* - DNS) es un servicio que resuelve las direcciones IP en nombres de dominio (vea el Capítulo 6, **Configuración en la Red**). Estas direcciones son números con formato 0.0.0.0, por ejemplo 169.254.0.2, cuyo mayor valor es 255 (255.255.255.255) que se "traducen" a nombres como Microsoft.com o miempresa.com.ar.

Para unir una computadora a un dominio, el controlador tiene que estar activo y el servidor de nombres en funcionamiento. El administrador de la red deberá informar cuál es el nombre del dominio al cual se está uniendo la nueva computadora. A su vez, en el controlador de dominios se debe crear una **cuenta de usuario**, es decir, asignar un nombre de usuario y una contraseña. Si usted tiene privilegios de administrador, puede crear la cuenta de usuario en el mismo momento de la instalación.

Además de la cuenta de usuario, existe la **cuenta de computadora**, necesaria para acceder a los recursos de una red Microsoft. Un equipo puede tener más de una cuenta de usuario, pero necesita por lo menos una de computadora para la red. Si se actualiza el equipo sobre NT 4, la cuenta ya había sido creada y no hará falta este paso. Sí es necesario si se actualiza desde Windows 95/98 o MS-DOS o se instala en una máquina vacía. Por otra parte, si se establece un equipo con doble *booteo*, se deberá crear una cuenta de computadora para cada sistema operativo.

Se puede crear una cuenta de computadora en dos instancias:

- **Antes de correr la instalación**. El administrador de dominio usa el *Server manager* para crear una cuenta de computadora antes de que el usuario -o él mismo- inicien la instalación en el equipo correspondiente. Esta opción requiere que el administrador cree una cuenta por adelantado. La ventaja de este método es que los administradores pueden controlar los nombres asignados a computadoras específicas en la organización.
- **Durante la instalación**. Hacia el final del procedimiento de instalación, el usuario tiene la posibilidad de crear la cuenta de computadora. En este caso, el usuario deberá tener credenciales en el dominio o, por lo menos, un nombre de usuario y contraseña con privilegios de administrador. Esta suele ser la opción más fácil, ya que libera al administrador de tener que crear manualmente una cuenta para cada computadora de la red, pero en cambio lo deja fuera del control de nombres. Una opción es crear cuentas temporarias con privilegios de administrador, que vencen una vez terminada la instalación.

HAY QUE SABERLO

### DIFERENCIAS IMPORTANTES ENTRE LAS DISTINTAS VERSIONES

Windows 98 no necesita una cuenta de computadora para conectarse a una red Microsoft. Sólo la necesitan los sistemas operativos NT y 2000.

Finalmente, digamos que cuando instala Windows 2000 Server, usted puede definir a su equipo como controlador de dominio –durante o después de la instalación– o como **Servidor miembro** (*Server member*), es decir, un servidor de red pero sin control sobre el nivel superior.

Instalación 1

## Instalación limpia vs. actualización

Se llama **instalación limpia** cuando se instala Windows 2000 en su propia carpeta. Esto implica que tanto es limpia una instalación en una máquina vacía como en una que ya posee un sistema operativo.

Por oposición, la **actualización** se lleva a cabo cuando se instala Windows 2000 en la misma carpeta que el sistema operativo anterior, **reemplazándolo**.

Elegir una instalación limpia o una actualización tiene ventajas y desventajas en ambos casos.

Una instalación limpia garantiza una instalación no fragmentada, con la cantidad exacta de archivos necesarios, y es, por otra parte, la única manera de crear un doble *booteo* con un sistema operativo anterior. Este tipo de instalación hace que Windows detecte todos y cada uno de los dispositivos instalados en la máquina y que el usuario deba reinstalar una por una todas las aplicaciones que necesita para trabajar, amén de las configuraciones personalizadas tales como Escritorio, menú del botón **Inicio**, etc.

La actualización no sólo conserva las configuraciones personalizadas sino que también migra gran parte de las configuraciones de dispositivos. Se gana mucho tiempo al no tener que reinstalar las aplicaciones. El nuevo sistema de instalación de Windows 2000 –Windows Installer, que ya apareció primero con Internet Explorer 5 y luego con Microsoft Office 2000– hace un trabajo mucho mejor que el anterior en la eliminación de archivos no correspondientes, por lo que, si bien no perfecto, el trabajo de limpieza de archivos antiguos es superior.

En términos prácticos, la actualización se impone cuando se trata de ganar tiempo, es decir, cuando no se puede interrumpir por períodos prolongados una tarea o una conexión. En cambio, si se puede, la instalación limpia es la elección en equipos nuevos o cuando se puede ocupar un lapso en reinstalar y reconfigurar. Una manera de no emplear tanto tiempo en la instalación limpia es hacer previamente un *backup* de todos los archivos que, eventualmente, tengan que ver con configuraciones de aplicaciones, como las plantillas personalizadas.

**CURIOSIDADES**

### ATENCIÓN

Hay sólo dos casos en los que la instalación limpia es obligatoria: si quiere hacer doble *booteo* con un sistema operativo anterior o si ha estado usando alguna versión beta de Windows 2000. En este último caso, **siempre** se debe desinstalar la versión preliminar **antes** de instalar la versión final.

# Instalando

Windows 2000 puede ser instalado desde el CD-ROM o a través de la red; en ocasiones es necesario contar con disquetes de instalación, los cuales pueden crearse –en otra computadora, por supuesto– mediante los comandos `makeboot.exe` o `makebt32.exe` de la carpeta `\BOOT-DISK` del CD-ROM de instalación. En el caso de instalación desde la red, los disquetes se crean automáticamente, ya que son necesarios.

---

HAY QUE SABERLO

### DISQUETES DE INSTALACIÓN

Los disquetes de instalación creados con `makeboot` o `makebt32` pueden usarse también para reinstalar o reparar una instalación de Windows, tal como lo hacía el *Emergency Repair Disk* de Windows NT.

---

No se pueden describir los pasos exactos para la instalación ya que dependen de varios factores, tales como la configuración del equipo, si se instala desde la red o desde CD-ROM, si se hace una instalación limpia o una actualización, etc.

A continuación veremos las dos principales opciones.

## Desde el CD-ROM

La manera más simple de instalar Windows 2000 en una máquina autónoma es insertar el CD-ROM de instalación en la lectora. Si ya hay algún sistema operativo Windows instalado, lo más probable es que el programa de instalación arranque automáticamente en cuanto se insertó el CD.

Si no lo hizo –probablemente el *autoplay* está desactivado–, y tiene Windows 95, 98 o NT 4, busque `winnt32.exe` y ejecútelo manualmente. Si tiene otro sistema operativo, ejecute `winnt.exe` (vea el Apéndice B, **Parámetros de línea de comandos**).

Si el equipo no posee ningún sistema operativo instalado, puede arrancar directamente del CD-ROM, si el BIOS lo permite, es decir, si soporta la especificación El Torito. Ejecute el programa de *setup* de la computadora (consulte el manual de instrucciones o la pantalla de arranque para saber qué combinación de teclas lo invoca) y defina como disco de arranque la lectora de CD.

Alternativamente, puede utilizar los cuatro disquetes de instalación y seguir las instrucciones que aparecen en pantalla.

Según el *firmware* que posea, instalar sobre una Compaq Alpha es distinto. Inserte en CD-ROM en la lectora y reinicie el equipo. El BIOS arrancará y, si posee AlphaBIOS, aparecerá el comando **Install Windows From CD-ROM**. Si es ARC, este comando estará debajo de **Supplementary Menu**.

Aun cuando alguno puede faltar, o ser algo distinto, como dijimos más arriba, éstos son los pasos de una instalación desde el CD-ROM.

## Actualización desde el CD-ROM — PASO A PASO

En primera instancia vamos a ver los pasos para una actualización.

**1** Ejecute `winnt32.exe` si instala desde Windows 95, 98 o NT 4 y el *autoplay* no funciona. Elija `winnt.exe` si lo hace desde MS-DOS o si arranca desde el CD-ROM. Si elige los disquetes, inserte el primero y *rebootee*.

**2** Lea y acepte el acuerdo de licencia.

**3** Especifique los *upgrade packs* que eventualmente necesite.

**4** Seleccione la partición en la que va a instalar Windows 2000. En caso de elegir una partición FAT, puede especificar si desea convertirla o formatearla a NTFS.

**5** En ocasiones aquí puede aparecer un informe de actualización. Continúe la instalación si el reporte no le hace notar obstáculos insalvables.

**6** En este momento, el programa de instalación copiará los archivos que necesita para la instalación en el disco rígido. Luego de copiar todo, reiniciará el equipo. Es probable que Windows *bootee* la máquina varias veces, especialmente si especificó la conversión a NTFS.

**7** Windows hará la detección del *hardware* instalado. Si alguno de los datos ofrecidos por el sistema operativo anterior sirven, Windows los utilizará, especialmente en lo que a configuración se refiere.

**8** Especifique si se unirá a un dominio o a un grupo de trabajo. En cualquiera de los casos, tiene que ingresar el nombre y la contraseña de la cuenta de usuario que le asignó el administrador.

**9** El programa de instalación aplicará los paquetes de actualización, creará los ítems del menú del botón **Inicio**, configurará los parámetros del sistema, registrará los componentes y borrará los archivos de instalación y temporarios creados durante el proceso.

**10** Finalmente, terminará el proceso ingresando en el sistema (*logging on*) por primera vez.

Los *upgrade packs* (UP) contienen archivos –generalmente librerías DLL– que actualizan algunos componentes de algunos programas para que funcionen adecuadamente en Windows 2000. Aun cuando es posible que en los CD-ROMs del paquete final de Windows 2000 vengan algunos UP, lo más probable es que haya que adquirirlos o conseguirlos del fabricante del *software* que usted está tratando de actualizar.

En ocasiones hay que instalar Windows en una computadora que forma parte de la red, pero que circunstancialmente no está conectada. Tal es el caso de un equipo nuevo recién desembalado o de una computadora portátil.

En tales casos, hay que crear una cuenta de computadora antes de instalarla. El administrador debería hacerlo en el servidor, en caso de estar instalando Windows 2000 Pro, y luego utilizar los datos (nombre de usuario, contraseña, etc.). También es posible permitirle a los usuarios crear sus propias cuentas durante la instalación.

Cerca del final de la instalación, aparecerá una caja de diálogo en la que se pregunta si la computadora será parte de un dominio o de un grupo de trabajo. Si se unirá a un dominio y éste no estará a disposición –recuerde que la máquina está desconectada– una nueva caja de diálogo solicitará las credenciales que el usuario con permisos de administrador de dominio deberá tener para crear las cuentas. Si el que está haciendo la instalación es el propio administrador, el procedimiento es fácil. Pero si lo debe hacer el usuario individual, se tendrán que crear credenciales temporarias de administrador sólo con el permiso de agregar computadoras al dominio. Una vez finalizado el proceso de instalación de todas las máquinas, estas credenciales son anuladas.

| Instalación limpia desde el CD-ROM | PASO A PASO |
| --- | --- |

Algunos de los siguientes pasos pueden faltar o ser algo distintos, dependiendo de la configuración del equipo o del ejecutable utilizado (`winnt.exe` de 16 bits o, `winnt32.exe` de 32 bits). Si su equipo soporta la norma El-Torito, puede arrancar la computadora desde el CD-ROM; si va a usar los disquetes que creó con Makeboot, inserte el primero y reinicie la máquina. No olvide tener el CD-ROM cargado en la lectora.

**1** Ejecute el programa elegido. `Winnt32` le dará la opción de especificar que desea una **instalación limpia**. Windows 2000 **no** se instala en la carpeta de MS-DOS. Si arrancó del CD o de los disquetes, una pantalla de texto con una barra de progreso le indicará qué está sucediendo. Windows Executive es una versión mínima del *kernel* de Windows 2000 que se encargará de la plataforma para la instalación.

**2** Lea y acepte el acuerdo de licencia.

**3** `Winnt32.exe` le dará la posibilidad de elegir opciones especiales (vea más adelante). `Winnt.exe` sólo le permitirá elegir el *path* de instalación. La carpeta de instalación predeterminada en `\Winnt`.

**4** Elija la partición en la que instalará Windows 2000. Si ésta es FAT, tendrá la posibilidad de convertirla a NTFS. Si el equipo es nuevo, podrá crear nuevas particiones desde esta pantalla, aunque se recomienda sólo crear la que se va a usar y luego el resto hacerlo desde **Administración de discos de Windows**. Si no tiene espacio suficiente en la partición elegida, esta pantalla también se lo hará saber.

**5** El programa copiará los archivos de instalación al disco rígido. Luego de copiar todo, reiniciará el equipo; ya no son necesarios ni los disquetes ni el CD, salvo que la instalación lo vuelva a requerir por nuevas opciones. Es probable que Windows *bootee* la máquina varias veces, especialmente si especificó la conversión a NTFS.

**6** Este paso ya se hace en la interfase gráfica y aparecerá el **Asistente de instalación de Windows 2000**. Le pedirá información de su nombre y empresa, configurará carpetas y permisos, y hará la detección del *hardware* instalado. Obviamente, en este caso no se tomarán en cuenta detecciones de sistemas operativos anteriores.

**7** Ingrese el nombre y la contraseña de la cuenta de usuario que le asignó el administrador. Windows usará esta información para crear el nombre de la computadora; usted puede dejarlo como está o ingresar uno nuevo. Si está instalando Windows 2000 Server, en este paso se le pedirá que elija el modo de licenciamiento; **Por servidor** es el valor predeterminado.

**8** En este paso aparecerán otros valores a configurar, como el huso horario, día y hora y, en algunos casos, la configuración de la plaqueta de video: resolución, profundidad de colores, testeo de las capacidades, etc.

**9** En este paso hay que configurar la conexión de red. Puede aceptar los valores por defecto para conectarse a una red Microsoft o crear una nueva conexión en base al *hardware* y *software* de su red. También puede optar por instalar otros componentes de la conexión de red (NetBEUI, AppleTalk, NWLink, IPX/SPX, etc.) ahora o más adelante.

**10** Especifique si se unirá a un dominio o a un grupo de trabajo.

**11** El programa de instalación aplicará los paquetes de actualización, creará los ítems del menú del botón **Inicio**, configurará los parámetros del sistema, registrará los componentes y borrará los archivos de instalación y temporarios creados durante el proceso.

**⑫** El proceso termina ingresando (*logging on*) en el sistema operativo por primera vez. Como parte de este proceso se abrirá el **Asistente para conectarse a la red**, que le ayudará a crear una cuenta de usuario. Si está instalando Windows 2000 Server, se abrirá también el **Asistente para configurar su servidor**, que le permitirá instalar y configurar servicios como DNS, DHCP, IIS, etc.

Las opciones especiales a las que hacíamos referencia más arriba son **Lenguaje** y **Accesibilidad**.

**Lenguaje** permite elegir no sólo el idioma principal del sistema operativo sino que también permite agregar *sets* de caracteres adicionales, especialmente en lenguas no latinas. Entre los conjuntos a elegir figuran los caracteres arábigos, armenios, bálticos, cirílicos, griegos, hebreos, japoneses, coreanos, chinos, etc.

**Accessibilidad** activa una serie de opciones especiales para personas con trastornos visuales o motores, tales como una lupa, un teclado en pantalla o un lector de textos.

La única de las opciones especiales que también permite winnt.exe es la elección de los *path* de origen y de instalación. En la caja de diálogo correspondiente se ingresa el *path* en el que se encuentran los archivos de instalación y el que recibirá estos archivos. Adicionalmente, casilleros mediante, se elige si se copian los archivos de instalación al disco rígido y si se puede escoger la partición en la que se instalará Windows 2000.

---

**MÁS DATOS**

**ATENCIÓN**

Salvo que la instalación se lo solicite expresamente, una vez que los archivos de instalación han sido copiados al disco rígido, puede quitar el CD-ROM de la lectora. Si está habilitado el arranque desde el CD y usted no lo extrae, la máquina *booteará* desde él y el programa de instalación volverá a correr desde el principio. Si le sucede esto, cancele y vuelva a reiniciar el equipo sacando previamente el CD-ROM.

---

A veces, si la detección de *hardware* no finalizó, es posible que aparezca, luego del primer *log on*, la caja de diálogo **Nuevo hardware encontrado** anunciando que se están instalando los *drivers* restantes.

En algún momento de la instalación de Windows 2000 Server puede aparecer una caja de diálogo que le ofrece crear un punto de instalación de Windows 2000 Pro a través de la red.

En ocasiones, cerca del final de la instalación, si hubo algún error, aparecerá la ventana **System Setup Log**. Préstele mucha atención porque no volverá a verla en otra oportunidad.

## Algo sobre cuentas de usuarios

Windows 2000 Pro es capaz de autenticar usuarios locales, pero sólo Windows 2000 Server, especialmente si está configurado como controlador de dominio, puede autenticar usuarios globales. La diferencia principal es que para un usuario de una cuenta global es posible usar cualquier computadora del dominio, ya que éste será el que autentique y permita el uso y la configuración personalizada del equipo. Una cuenta local sólo podrá ser usada en la computadora en la cual ésta se ha creado (vea más detalles en el Capítulo 7, **Active Directory**).

Durante la instalación, ya el sólo hecho de unirse a un dominio crea una cuenta global. En el momento de *loguearse* uno puede elegir ingresar al dominio o sólo a la computadora local, en este caso, eligiendo el nombre del equipo.

Windows 2000 automáticamente crea una serie de grupos de usuarios, cada uno de los cuales tiene permisos, privilegios y restricciones particulares. El administrador puede crear nuevos grupos, asignando permisos y restricciones distintas de las preestablecidas. Luego, al crear la cuenta de usuario, agrega a éste a alguno de los grupos, procedimiento por el cual define sus capacidades. Windows 2000 Pro viene con varios grupos de alcance local, mientras que Windows 2000 Server, como controlador de dominio, tiene grupos semejantes de alcance global.

El grupo al cual el administrador asignó el usuario determina qué puede hacer éste. Por ejemplo, si la cuenta pertenece al grupo de los **Administradores** obtiene un control total sobre la computadora, mientras que el grupo de **Usuarios** sólo tiene un control mínimo, restringido a algunas de las aplicaciones que utiliza. Otros grupos predefinidos son **Operadores de copia de seguridad**, **Usuarios avanzados**, **Usuarios e Invitados**.

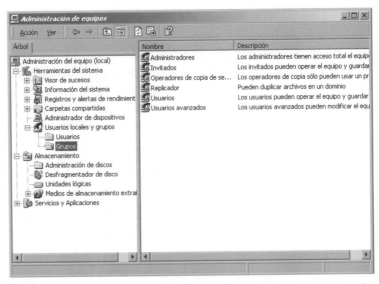

*El administrador puede crear otros grupos aparte de los predeterminados
en función de las necesidades de la red y los permisos otorgados.*

Cuando se instala Windows 2000 se crean tres cuentas locales: **Administrador**, **Invitado** y el **Usuario local**. Este último suele ser asignado por defecto, en Windows 2000 Pro, al grupo de los **Usuarios avanzados**, es decir, con un moderado control sobre la máquina, pero el administrador puede determinar que los usuarios locales pertenezcan automáticamente a otros grupos.

La cuenta **Administrador** –que puede pertenecer al verdadero administrador o a un usuario local perteneciente a ese grupo– tiene el control total, mientras que **Invitado** sólo existe al efecto de que un usuario eventual ingrese al equipo para una tarea circunstancial, sin modificar configuraciones, perfiles de usuario, etc.

Windows 2000 Server, especialmente si instala Internet Information Services (ver el Capítulo 8: **Comunicaciones**) o se configura para compartir la conexión telefónica, crea otros dos usuarios: **Invitado de Internet**, con acceso anónimo a recursos del servidor de Internet, e **Iniciar la cuenta de Procesos IIS**, un usuario para correr procesos de Internet Information Server. Si instala y utiliza DHCP, también pueden crearse grupos de usuarios y administradores DHCP.

Cerca del final de la instalación y antes del primer logueo, el programa de instalación presenta la caja de diálogo de configuración de la red. Ésta posee dos opciones: **Conexión típica** o **Personalizada**.

La opción **Típica** crea una conexión de red común sin necesidad de mucha interacción. Emplea el Cliente para redes Microsoft, el servicio de Compartir archivos e impresoras para redes Microsoft y el protocolo TCP/IP con direcciones IP automáticas. La opción **Personalizada** parte de los parámetros predefinidos por la **Típica**, pero los utiliza como base de configuración. En este lugar se configuran otros servicios que pueda eventualmente utilizar la red, como WINS, para la resolución de nombres IP, por ejemplo. Eventualmente también será necesario configurar la placa de red, si ésta no es totalmente *Plug & Play* o es PCI o PCCard.

## Componentes adicionales

En algún momento de la instalación de Windows 2000 Server, ésta le pedirá que agregue o quite componentes opcionales. Entre éstos se encuentran:

| Componentes | Descripción |
| --- | --- |
| Servicios de Certificate Server | Permite crear y/o requerir certificados digitales X.509 para autenticación. Estos certificados proveen una manera verificable de identificar usuarios en un entorno no seguro, como el de Internet, por ejemplo, así como la información necesaria para conducir comunicaciones privadas seguras. |
| Servicios de Internet Information Server (IIS) | Incluye servidores *web* y FTP, componentes IIS comunes, la interfase administrativa y documentación. |
| Servicios de Message Queue Server | Provee a los desarrolladores de un modelo de programación asincrónica simplificada y soporte para que las colas de mensajes puedan participar en transacciones de Microsoft Transaction Server (MTS). |
| Servicios de Index Server | Instala los archivos de sistema de Index Server, que permite búsquedas de texto comprensivas y dinámicas de los datos almacenados en la computadora local y en la red. |
| Servicios de red | Incluye el servicio de *Dynamic Host Configuration Protocol* (DHCP), el servicio de *Domain Name Server* (DNS), servidor de impresión TCP/IP y otros componentes de red como clientes específicos. |
| Servicios de instalación remota | Provee la capacidad de instalar remotamente Windows 2000 Pro en clientes remotos *booteables*. |
| Servicios de Terminal Server | Incluye componentes y herramientas de administración que permiten a la computadora hospedar terminales basadas en Windows o clientes Windows NT Server Terminal Server Edition. |
| Servicios de Windows Media | Permite la transmisión de contenido multimedia a través de la red. |

## Desde la red

Windows 2000 puede instalarse también desde otro equipo de la red. Vamos a ver las semejanzas y diferencias entre el procedimiento que acabamos de tratar (desde CD-ROM o disquetes) y la instalación remota.

En una instalación desde la red, los archivos de instalación residen en una ubicación compartida llamada **Distribution Server**. Básicamente se trata de conectar a la red la computadora destino (*target*), localizar el servidor y arrancar el programa de instalación. Los pasos para tener listo un sistema de instalación remota son:

**Crear un sistema de instalación por la red**     **PASO A PASO**

❶ Crear el servidor de instalación. Copie los archivos de la carpeta **\I386** (o **\Alpha**) en el disco rígido de la computadora, en una carpeta compartida.

❷ Cree una partición FAT en la computadora destino. Este equipo requiere una partición lo suficientemente grande como para dar cabida a los archivos de instalación. El espacio mínimo son unos 500 MB, pero si la hace de 1 GB, mejor. Puede particionar el resto del disco después de instalar Windows 2000. Opcionalmente puede usar FAT 32 para crear una partición única, si el disco no supera los 32 GB.

❸ Instalar un cliente de red. Un cliente de red es el *software* que permitirá conectar la computadora destino con el servidor de distribución. Para un equipo sin sistema operativo, deberá crear un disquete de *booteo* que contenga los controladores de tarjeta de red y el cliente.

Para comenzar la instalación, debe arrancar la computadora destino y accionar el cliente de red. Luego de conectarse al servidor, tendrá que buscar la carpeta compartida de distribución y, en ella, ejecutar **winnt.exe**.

El programa de instalación copiará los archivos necesarios a la computadora destino y creará en ella los disquetes de instalación. Tenga preparados cuatro disquetes. A continuación, debe usar los disquetes para arrancar el equipo. El resto del procedimiento es semejante al que se llevó a cabo desde el CD-ROM.

CURIOSIDADES

## ASISTENTE PARA CONFIGURAR SU SERVIDOR

**Configurar su servidor** es un asistente que reúne a los asistentes y programas de instalación de los más importantes servicios de Windows 2000. Aparece automáticamente con el primer inicio de Windows 2000 Server y puede utilizarlo en ese momento o seguir adelante y usarlo más tarde. A la izquierda hay un menú con todas las opciones de configuración. En el panel derecho van apareciendo las instrucciones para hacerlo. Si no desea que **Configurar su servidor** aparezca cada vez que arranca Windows, deje en blanco el casillero **Mostrar esta pantalla al iniciar** del panel **Principal**.

## Resolución de algunos problemas

Normalmente, si se tienen los recaudos necesarios, no debería haber problemas en la instalación de Windows 2000.

Repasemos algunas de las exigencias que debemos cumplimentar para no caer en imprevistos:

- **Requerimientos mínimos y recomendados**. Aun cuando los requerimientos mínimos de *hard* (tipo y velocidad del procesador, memoria RAM, espacio en disco, etc.) son suficientes para correr Windows 2000, alcanzar los recomendados e, incluso, superarlos, es garantía de que no sólo Windows funcione bien sino que pueda cumplir adecuadamente su función de plataforma de aplicaciones.
- **Lista de compatibilidad de hardware**. Consulte la **Lista de compatibilidad de hardware** en la carpeta **\Support** del CD-ROM de instalación o en el sitio *web* de Microsoft y asegúrese de que el *hardware* de sus equipos figura en los listados.
- *Software* **soportado**. Asegúrese también de que las aplicaciones que va a utilizar funcionan en Windows 2000, ya sea porque han sido probadas o el desarrollador ha preparado un parche o actualización.

- **Adecuada planificación**. Si la computadora será autónoma o estará conectada a la red, si será servidora o cliente, si será controladora de dominio o servidora de conexión telefónica, etc. son datos que necesita definir a la hora de hacer las particiones, elegir el sistema de archivos, etc.

En la siguiente lista veremos algunos de los problemas más comunes que pueden aparecer durante la instalación de Windows 2000 y algunas pautas para su resolución.

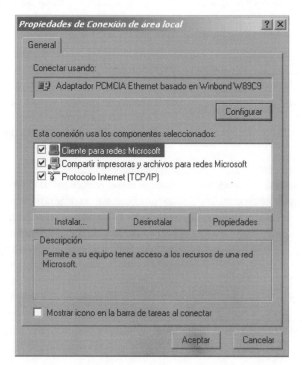

*En esta caja de diálogo usted se asegura de que tiene
los componentes necesarios para que su red funcione.*

| Si aparece este error... | pruebe hacer esto |
|---|---|
| Errores de medios | El CD-ROM de instalación o los disquetes pueden tener problemas. Vuelva a crear nuevos disquetes o reemplace el CD-ROM, contactando al vendedor del sistema operativo. |
| CD-ROM no soportado | En ocasiones puede suceder que el CD-ROM no sea estándar (IDE o SCSI) y no haya a mano un *driver* que pueda ser usado. Intente una instalación alternativa, a través de la red, por ejemplo, y luego trate de ver si el controlador de la lectora está en el CD-ROM de instalación o el fabricante tiene una actualización. |
| Espacio en disco insuficiente | Use el programa de instalación para crear una partición usando espacio libre existente. Borre y cree particiones a fin de crear una partición lo suficientemente grande para que quepa el sistema operativo. Cambie el sistema de archivos de una partición para obtener más espacio. |
| Falla de arranque de un servicio dependiente | En el programa de instalación, vaya a la caja de diálogo de configuración de la red y verifique que están instalados los protocolos y controladores de red correctos. Asimismo, compruebe que la plaqueta de red está apropiadamente configurada y si el nombre de la computadora es único para toda la red. |
| Incapacidad de conectarse al controlador de dominio | Verifique que el nombre del dominio sea el correcto. Compruebe que el servidor que corre el servicio de DNS y el controlador de dominio estén en línea. Si no puede conectarse a un controlador de dominio, instale el cliente dentro de un grupo de trabajo y únase al dominio después de la instalación. Verifique que la plaqueta de red y de los protocolos de comunicación estén correctamente configurados. Si está reinstalando Windows 2000 y quiere usar el mismo nombre de computadora, elimine y luego vuelva a crear la cuenta. |
| Falla de Windows en instalarse o arrancar | Verifique que Windows está detectando todo el *hardware* y que éste figura en la Lista de compatibilidad de hardware. |

# Repaso

En este capítulo usted ha visto:

1. Cómo prepararse para instalar Windows 2000. Cuáles son los requerimientos, cómo elegir el sistema de archivos y qué tipos de instalación existen. Cómo se instala desde CD-ROM o desde la red.

2. Cómo decidir si necesita tener otros sistemas operativos además de Windows 2000. Cómo se hacen una actualización y una instalación limpia.

3. Qué es un sistema de licenciamiento, qué son las cuentas de computadora y las cuentas de usuario. Qué son las cuentas globales y locales. Qué significa unirse a un grupo de trabajo y a un dominio.

4. Qué hacer ante la aparición de algunos de los problemas más comunes.

Instalación 1

# CAMBIOS Y MEJORAS EN LA INTERFASE

**Donde se hace una completa descripción de los cambios, mejoras y agregados que Windows 2000 ofrece en la interfase, es decir, en el manejo y configuración de ventanas, accesos directos y menúes.**

**Capítulo 2**

# Prestaciones nuevas y mejoradas

Aunque dijimos que este libro está destinado a los usuarios que ya manejaron algún tipo de Windows, no está de más un pequeño capítulo dedicado a los cambios y mejoras que Windows 2000 ofrece en la interfase.

Como mencionamos al comienzo, Windows 2000 posee la facilidad de uso de Windows 98 y es su interfase el principal responsable. Pero, como no podía ser de otra manera, hay mejoras y novedades en la interfase de Windows 2000, algunas de las cuales ya se vieron en Office 2000, tales como los menúes automáticos o en Internet Explorer 5, como el Autocomplete.

*El Escritorio de Windows 2000 da la impresión de estar más elaborado.*
*Son llamativos los nuevos íconos, otras fuentes y otra definición de pantalla.*

La primera impresión –ésta es una apreciación totalmente personal– es que la interfase está más pulida. Lo primero que llama la atención son los nuevos íconos del sistema y una visualización aparentemente más tridimensional. Sobresale, por ejemplo, la posibilidad de que el puntero del *mouse* aparezca con una sombra por detrás, como para destacarse del fondo.

Otra de las características más llamativas es la nueva capacidad de personalización posible, que incluye cambiar de lugar y de vista y de tamaño los botones de las barras de herramientas del Explorador o de las ventanas de carpeta.

Veamos con un poco más de detalle algunas características que hacen más fácil la ubicación y organización de los archivos.

## Menú Abrir con

Si hace clic con el botón derecho del *mouse* en cualquier archivo, aparecerá el ítem **Abrir con**. Si es la primera vez que lo presiona, esta opción habilitará una caja de diálogo que le permitirá escoger la aplicación para abrir el archivo seleccionado. A medida que vaya usándola, esta opción se transforma en un submenú en el que se despliegan las aplicaciones que más frecuentemente se utilizan para abrir –o se sabe que pueden hacerlo– ese archivo. Si no ve en la lista, la aplicación con la que desea abrir el archivo siempre existirá la alternativa de elegir otro programa. La próxima vez, ésta aparecerá en el submenú.

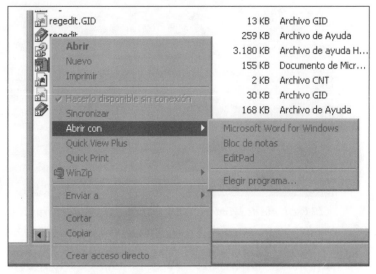

*Si usted abre un mismo archivo con distintas aplicaciones, va a ir creando un submenú de opciones que le permiten elegir el programa que usará.*

## Cajas de diálogo Abrir y Guardar como

Estas cajas de diálogo, además de comportarse como lo hacían en la versión anterior (como pequeños exploradores) tiene íconos que lo envían directamente a las carpetas especiales de sistema, donde se supone que usted almacena los archivos de trabajo.

La opción **Historial** le permite ver los últimos archivos que abrió mediante esta caja de diálogo. Puede visitar tanto las carpetas locales como las de red mediante el mismo mecanismo.

## Más frecuentemente usados

Windows 2000 hace un uso muy extenso de las listas de archivos o comandos utilizados más frecuentemente.

En lugares como las cajas de diálogo **Abrir** y **Guardar como**, **Buscar archivos** y **Conectar a unidad de red**, Windows 2000 proporciona automáticamente una lista de los comandos, palabras o archivos más frecuentemente usados.

## Autocompletar

Muchas de las cajas de diálogo que aceptan ingreso del usuario –por ejemplo, *paths*, nombres de archivo, palabras de búsqueda, etc.– pueden completar las palabras a medida de que se las tipea.

Esto ayuda a la precisión en cajas de diálogo o campos de texto como **Abrir** o **Guardar como**, **Ejecutar** del menú del botón **Inicio** y en el Explorador.

Ingrese un texto en cualquier campo que soporte **Autocompletar** y verá que se abre por debajo una persiana con las opciones más probables para completar el texto. Seleccione una haciendo clic con el *mouse* y listo.

Cambios y mejoras en la interfase    **2**

*En Windows 2000 **Autocompletar** se encuentra en casi todas*
*las cajas de diálogo del sistema, es decir, las que no fueron modificadas*
*por aplicaciones.*

## CONFIGURACIÓN DE LA OPCIÓN AUTOCOMPLETAR

Aún cuando **Autocompletar** sea una característica que se encuentra en todo el sistema operativo, es una herencia de Internet Explorer, por lo que para configurarla hay que ir a **Opciones de Internet** del **Panel de Control** y en el índice **Contenido**, oprimir el botón **Autocompletar** del panel **Información Personal**.

## Menúes a demanda

Windows 2000 "recuerda" los ítems de los menúes más frecuentemente utilizados, especialmente los del menú del botón **Inicio**, y va mostrando, durante su despliegue, los comandos más frecuentes en el lugar más alto, mientras que los menos frecuentes o los que no se usan habitualmente quedan ocultos.

Siempre tendrá la posibilidad de ver el resto de las opciones de los menúes haciendo clic en las flechas que anuncian que hay más contenido fuera de la vista.

## Carpetas de sistema

Este programa incluye varias carpetas de sistema que permiten organizar sus materiales de trabajo. Algunas ya estaban, pero ahora tienen mejores prestaciones; otras son nuevas.

La carpeta **Mis documentos**, ahora perteneciente al sistema operativo, le da la posibilidad de que, aun generando carpetas y subcarpetas, centralice todos los documentos que vaya creando en su trabajo. La mayor parte de las aplicaciones abre por omisión en esta carpeta. Si está actualizando de otro sistema operativo y ya tiene establecida otra carpeta u otro directorio, puede cambiar el lugar al que apunta **Mis documentos**. Haga clic con el botón derecho del *mouse* en el ícono del Escritorio y seleccione **Propiedades** del menú contextual. En el campo de texto **Destino**, ingrese el *path* y nombre de la carpeta que almacena sus trabajos. También puede buscarla en la caja de diálogo que se abre al oprimir el botón **Mover**.

La carpeta **Mis imágenes** es nueva y tiene el mismo propósito que **Mis documentos**, es decir, almacenar trabajo pero, en este caso, gráficos. Viene con la vista de *thumbnails* por defecto. Los programas de dibujo como Paint o Imaging se abren en esa carpeta. Esta carpeta, y cualquiera que esté configurada de la misma forma, permite visualizar las imágenes en varios tamaños (hacer *zoom* hacia arriba y hacia abajo) incluyendo pantalla completa. Puede imprimirse sin necesidad de abrirla en un programa de dibujo.

**HAY QUE SABERLO**

### HABILITAR LA OPCIÓN VER COMO PÁGINA WEB

Para habilitar las opciones de visualización e impresión de imágenes, debe definir que la carpeta se vea como una página *web*. Y como cada vez que define **Ver como página Web**, lo hace para todas las carpetas, piense bien si le conviene habilitar o no esta capacidad.

La nueva carpeta **Mis sitios de red** reemplaza a **Entorno de red**. Esta nueva y mejorada versión hace que localizar recursos de red sea más fácil que antes, entre otras cosas, por medio de vistas alternativas, como **Equipos próximos**, que corresponde al grupo de trabajo. También es posible crear accesos directos de red en la carpeta **Mis sitios de red**.

# Personalizando el menú del botón Inicio

Windows 2000 incorpora muchas de las prestaciones que le agregaba Internet Explorer 5 a Windows 98, entre ellas, más opciones de menúes en el menú del botón **Inicio**.

Los que utilizaron Windows 98 deben recordar, seguramente, que la organización del menú del botón **Inicio** podía hacerse simplemente arrastrando y soltando los ítems. Haga clic en una opción del menú y, sin soltar el botón, arrástrela hacia donde desee, desplegando los submenúes. En Windows 2000 no sólo verá una línea horizontal señalando el lugar que ocupará el nuevo ítem, sino también una vista "fantasmal" que le permitirá prever cómo quedará.

Otra manera de reducir el "amontonamiento" habitual del menú del botón **Inicio** en sistemas con muchas aplicaciones instaladas, es la que señalamos más atrás: **Menú a demanda**.

Windows monitorea continuamente las opciones de menú más frecuentemente utilizadas y no sólo las ubica más arriba, sino que oculta aquellas menos o no usadas. Si ya lo había visto en Office 2000, ahora lo observará también en el menú del botón **Inicio**. Más aun, la primera vez que el menú se despliegue con opciones ocultas, un globo de diálogo aparecerá para señalarle cómo puede hacer para desplegar los ítems que no se ven.

MÁS DATOS

**PARA TENER EN CUENTA**

Tanto la configuración del Escritorio como la del menú del botón **Inicio**, así como la del menú **Enviar a**, se encuentran en una carpeta especial llamada **\Documents and Settings\Administrador.PC**. La carpeta se encuentra en la unidad de instalación de Windows 2000 y la subcarpeta lleva el nombre del usuario y de la máquina. Así, en lugar de **Administrador.PC**, lo más habitual es que haya algo tipo **\Juanp.Oficina**.

## Propiedades del menú del botón Inicio

Seguramente algunos de ustedes recordarán TweakUI, el accesorio no soportado por Microsoft –que formaba parte original de Powertoys y que a pesar del no soporte figuraba en la carpeta **\Tools\Reskit** del CD-ROM de instalación de Windows 98–, el que, entre otras cosas, permitía convertir el **Panel de Control** o la carpeta **Impresoras** en opciones del menú del botón **Inicio**.

Bien, ahora con Windows 2000, TweakUI ya no es necesario. Haga clic con el botón derecho del *mouse* en la Barra de Tareas y seleccione **Propiedades** del menú contextual. También puede hacer clic en la opción **Configuración/Barra de tareas/Inicio** del menú del botón **Inicio**.

*La hoja de **Propiedades** del menú del botón **Inicio***
*es más completa y tiene más opciones que su versión de NT.*

En la caja de diálogo que se abre, en el índice **General**, el casillero **Usar menúes personalizados** es el que activa o desactiva el monitoreo de las opciones más utilizadas. Quite el chequeo si desea que su menú del botón **Inicio** se comporte tal como lo hacía en Windows 95 y NT 4.

En el índice **Opciones avanzadas** encontrará, además de las opciones para ordenar y organizar el submenú **Programas**, la ventana **Configuración** del menú **Inicio** que le permitirá elegir entre usar las opciones de manera habitual o convertir algunas en submenúes.

La opciones que comienzan con **Mostrar...** (**Mostrar Herramientas administrativas**, **Mostrar Favoritos**, etc.) hacen aparecer u ocultar algunos submenúes especiales tales como el de **Favoritos** o **Logoff**, es decir, el cierre del usuario. Las que comienzan con **Expandir...** (**Expandir Panel de Control**, **Expandir Impresoras**, etc.) convierten en submenúes carpetas como las del **Panel de Control**, **Impresoras**, **Co-**

**nexiones de red**, **Acceso telefónico**, etc. **Mis documentos**, por ejemplo, hace que el primer ítem del menú **Documentos**, despliegue en forma de menú todo el árbol de carpetas de **Mis Documentos**.

**Desplazar el menú Programas** especifica si el submenú **Programas** se abrirá en columnas –si su contenido excede el alto de la pantalla– o se desplegará verticalmente, mediante flechas en cada extremo.

SUGERENCIA

ATENCIÓN

Tanto el Escritorio como el menú del botón **Inicio** están en la misma carpeta, por lo que si arrastra un ítem del menú del botón **Inicio** al Escritorio, éste se convertirá en un ícono de acceso directo, pero desaparecerá del menú. Si arrastra el ítem al Escritorio mientras mantiene apretada **CTRL**, la opción de menú no desaparecerá.

# Más personalizaciones

Recorrer el disco rígido o la red, la *intranet* o Internet, en Windows 2000 se hace prácticamente de la misma manera. Esto se debe a que Windows 2000 Explorer e Internet Explorer 5 están integrados y la misma ventana que muestra el contenido de una carpeta puede mostrar una página *web*.

La Barra de Herramientas de Explorer cambiará según muestre carpetas o páginas. También se puede personalizar. Vamos a ver cuál es el procedimiento.

## Personalizar la Barra de Herramientas de Explorer

La Barra de Herramientas de Explorer permite no sólo agregar o quitar nuevos botones sino también moverlos de lugar. Para acceder a la caja de diálogo para personalizar la Barra de Herramientas, siga el paso a paso que viene:

**Personalizar la Barra de Herramientas**　　　　**PASO A PASO**

**1** Haga clic con el botón derecho del *mouse* en un espacio vacío de la Barra de Herramientas y seleccione **Personalizar** del menú contextual.

**2** En la caja de diálogo que se abre, elija un botón de la ventana izquierda.

**3** Seleccione uno de la derecha y oprima **Agregar**. El botón de la izquierda irá a ubicarse encima del seleccionado en la derecha.

**4** También puede arrastrar los botones, tanto de una ventana a otra como hacia otra posición dentro de la ventana derecha. A medida que vaya modificando la botonera, los cambios se verán directamente en la Barra de Herramientas.

**5** Seleccione si quiere texto y de qué tipo mediante el campo desplegable **Opciones de texto** y elija el tamaño de los íconos a través **de Opciones de ícono**. Si el cambio no le gusta, **Restablecer** pone las cosas nuevamente en su lugar. Oprima **Cerrar** para terminar el procedimiento.

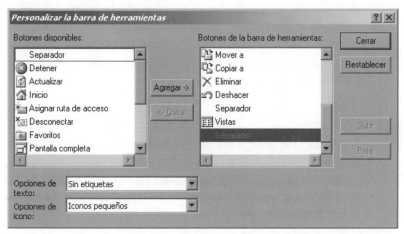

*Esta misma caja de diálogo sirve tanto para personalizar la Barra de Herramientas del Explorador de Windows como la de Internet Explorer.*

Los que utilizaron últimamente Windows 98 saben también que la Barra de Tareas ofrece una buena cantidad de opciones, así como la posibilidad de crear barras de herramientas de arranque rápido de programas e, incluso de que esas barras sean flotantes.

La Barra de Tareas de Windows 2000 viene con varias barras de herramientas predeterminadas: Inicio rápido, la Barra de Direcciones, la de Vínculos y Escritorio. Esta última muestra los íconos del Escritorio en forma de barra de botones.

Usted puede mostrar u ocultar cada una de ellas mediante el menú contextual. Haga clic con el botón derecho del *mouse* en un espacio vacío de la barra y seleccione **Barra de herramientas**. El submenú que se despliega contiene opciones de chequeo que muestran u ocultan las barras de herramientas. **Nueva barra de herramientas**, como su nombre lo indica, le permite agregar una nueva de su propia creación (ver más adelante).

Para crear una barra de botones flotante, en lugar de ubicar los íconos en el Escritorio, muévalos a una carpeta que usted pueda crear especialmente.

A continuación haga clic con el botón derecho del *mouse* en un espacio vacío de la Barra de Tareas y seleccione **Barras de herramientas/Nueva barra de herramientas**. En la caja de diálogo que se abre, recorra el árbol hasta dar con la carpeta en la que almacenó los íconos, selecciónela y oprima **Aceptar**. Ahora aparecerá una nueva Barra de Herramientas en la Barra de Tareas, pero usted puede tomarla del asa –la pequeña línea vertical de la izquierda de la barra– y arrastrarla al Escritorio. Luego, simplemente cámbiele el tamaño de los íconos y de la barra, quítele o deje las etiquetas, seleccionando las opciones del menú que se abre haciendo clic con el botón derecho del *mouse* en la barra.

HAY QUE SABERLO

## MODIFICAR LOS BOTONES DE LAS BARRAS DE HERRAMIENTAS

Si desea cambiar el ícono o las opciones de arranque –agregar parámetros de línea de comandos, por ejemplo– a cualquiera de los botones de una Barra de Herramientas de la Barra de Tareas, simplemente haga clic con el botón derecho del *mouse* en el botón y seleccione **Propiedades** del menú contextual.

## Personalizar carpetas

Es posible que usted desee que las carpetas se visualicen como ventanas comunes o como páginas *web*. Puede, incluso, elegir distintos fondos y colores de letra para los nombres. También personalizar cada carpeta de acuerdo a su gusto o a su utilidad, identificando, por ejemplo, con fondos y colores el tipo de archivos que se almacena.

Para ver las carpetas como páginas *web*, haga clic en **Opciones de carpeta** del menú **Herramientas**. En el panel **Vista web**, chequee el botón **Permitir la existencia de contenido web en las carpetas** y la ventana aparecerá con el diseño de página *web* que Windows trae como predeterminado, semejante al que se ve en **Mi PC** y en el **Panel de Control**.

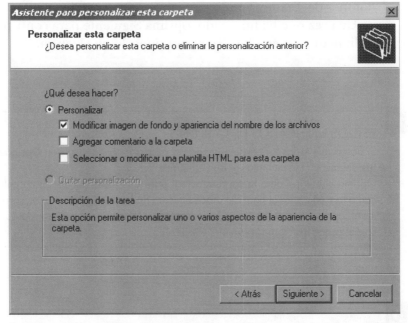

*Si no es ducho en HTML y, especialmente, en JScript, no le conviene modificar la plantilla HTML para esta carpeta.*

En una ventana de carpeta o en el panel derecho del Explorador, haga clic con el botón derecho del *mouse* en un espacio vacío y seleccione **Personalizar esta carpeta**. El asistente que se abre lo guiará en los pasos a seguir.

Primero determine si quiere modificar la página *web* predeterminada de Windows para esa carpeta, cambiar el fondo, agregar algún comentario o quitar una personalización anterior. Si usted no es experto en HTML y, especialmente, en programación JScript, le recomendamos que no elija la primera opción.

Si chequea el botón **Modificar imagen de fondo y apariencia del nombre de los archivos** y oprime **Siguiente**, la caja de diálogo que se abre le permitirá elegir una imagen BMP, GIF o JPG. Si en la lista que se ve no aparece la imagen que le interesa, oprima el botón **Examinar** y búsquela en la carpeta en la que esté. En el panel izquierdo **Vista previa** aparecerá una muestra del archivo elegido, tal como quedará de fondo de la carpeta.

Según el color predominante de la imagen que elija, es posible que deba cambiar el color de los nombres de los íconos y el fondo de las letras. En el panel **Apariencia del nombre de los archivos**, oprima los botones de **Texto** y **Fondo** para abrir selectores de color.

Una vez que ha finalizado, oprima **Siguiente** para confirmar el procedimiento y luego **Finalizar** para ponerlo en vigencia.

### ESTILOS UNIFICADOS DE CARPETAS

Si desea que todas las carpetas tengan el mismo *look*, haga clic en **Opciones de carpetas** del menú **Herramientas** y vaya al índice **Ver**.
Oprima el botón **Como la carpeta actual** para que todas las demás carpetas se parezcan a la elegida. Si al final del procedimiento no le gusta que todas las carpetas se vean igual, oprima **Restaurar todas las carpetas** y Windows volverá a instaurar el estilo de carpetas que instaló por omisión.

### UN DATO ÚTIL

Para definir qué columnas se verán en vista de **Detalles** en el Explorador o en una ventana de carpeta, haga clic con el botón derecho del *mouse* en el nombre de una columna y seleccione la que desea agregar del menú contextual. Si desea ver todas las opciones, elija **Más** y una caja de diálogo le dará la opción de ver todas las columnas disponibles, chequear las que desea que aparezcan y organizar el orden en el que se acomodan en la ventana.

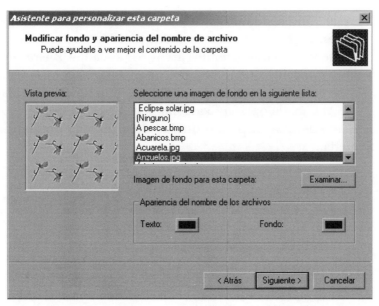

*Modificar el fondo de una carpeta es simplemente cuestión de elegir una imagen, pero sólo podrá utilizar archivos GIF o JPG si habilita la **Vista web**.*

# Búsqueda integrada

La herramienta **Buscar** ahora está integrada dentro de Windows Explorer. De hecho es una barra del Explorador que se puede abrir directamente desde el Explorador o una ventana de carpeta. Las otras formas de acceder a **Buscar** son:

- Oprima **F3** en cualquier ventana de carpeta. **F3** nuevamente cierra la Barra de Búsqueda pero no restaura la de carpetas.
- Haga clic con el botón derecho del *mouse* en una carpeta en una ventana, en el árbol del Explorador o en el ícono **Mi PC** y seleccione **Buscar** del menú contextual.
- Seleccionando la opción **Buscar/Archivos y carpetas** del menú del botón **Inicio**.

Otras búsquedas que se pueden hacer son en los contactos o servicios de directorio de Internet (**Buscar Personas**), en la *Web* (**Buscar en Internet**) y computadoras en la red (cliquee con el botón derecho del *mouse* en el ícono **Mis sitios de red** y seleccione **Buscar**).

En el campo **Buscar archivos y carpetas con el nombre**, puede ingresar todo o una parte del nombre del archivo o carpeta que está buscando. En **Con el texto** puede escribir una o varias palabras que se puedan encontrar en los archivos buscados. **Buscar en** es un campo desplegable que le permite seleccionar si la búsqueda se hará en la carpeta **Mis documentos**, en todas o una de las unidades locales, etc. Al final, la opción **Examinar** abre una caja de diálogo con la cual se accede una carpeta o unidad determinada donde dirigir la búsqueda.

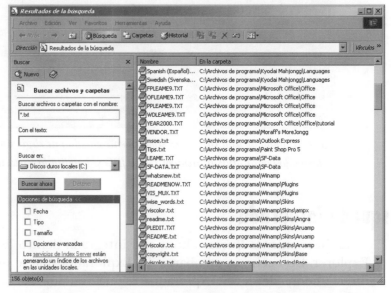

*La Barra de Búsqueda es una especialización de la Barra del Explorador*
*y es el mejor lugar para los usuarios.*

Luego de oprimir **Buscar ahora**, el resultado de la búsqueda aparecerá en la ventana de archivos.

HAY QUE SABERLO

## COMODINES DE BÚSQUEDA

En el campo de búsqueda usted puede ingresar los comodines usuales para estos casos. **\*.doc**, por ejemplo, representa a todos los archivos de extensión doc. **\*mayo.\*** encuentra todos los archivos, de cualquier extensión, cuyo nombre termine en mayo. **Enero?.xls**, finalmente, encuentra todos los archivos de Excel que comienzan con Enero y llevan un carácter más luego de ese prefijo.

Si hace clic en **Opciones de búsqueda**, se abrirá un marco con más alternativas para ajustar la búsqueda.

- **Fecha**. Determina si el archivo a buscar fue creado, modificado o accedido en un lapso determinado (en los últimos $x$ días o meses) o dentro de un rango de fechas.
- **Tipo**. El campo desplegable permite restringir la búsqueda sólo a determinados archivos registrados en Windows.
- **Tamaño**. Da la opción de seleccionar archivos menores o mayores de una determinada cantidad de KB.
- **Opciones avanzadas**. Esta última opción define si se busca en subcarpetas, si la búsqueda es sensible a mayúsculas y minúsculas y si se explora en archivos a través de conexiones lentas.

Si va a llevar a cabo una misma búsqueda más o menos regularmente, almacénela mediante la opción **Guardar búsqueda**. La caja de diálogo que se abre le permite nombrar la búsqueda y guardarla en el lugar que más cómodo le parezca.

CURIOSIDADES

### VARIOS CRITERIOS DE BÚSQUEDA

En el campo **Buscar archivos...** puede ingresar varios criterios, siempre que los separe con un espacio. Así, buscará todos los formatos de archivo de texto, por ejemplo, escribiendo **\*.doc \*.txt \*.rtf**.

## Index Server

Una prestación de Windows 2000 es **Index Server**. Este servicio de indexación de contenido, extraído de Internet Information Services e integrado al sistema operativo, hace que la búsqueda sea mucho más rápida.

Index Server crea una base de datos que indexa el contenido y las propiedades de cada archivo. Eso significa que en algún momento es posible encontrar documentos que tengan la palabra "Windows" o que hayan sido escritos por Pedro. Cuando busca archivos que contienen ciertas palabras clave, el sistema operativo indaga en la base de datos y muestra los aciertos que encuentra.

Index Server viene con filtros para leer archivos de texto, HTML, los de Microsoft Office y los de *e-mail*, pero cualquier fabricante puede incorporar otros filtros para sus archivos.

En Windows 2000 Server, este servicio está activado por defecto, a la inversa de lo que sucede con Windows 2000 Pro.

Para comenzar a crear un catálogo, primero chequee el casillero **Opciones avanzadas** y haga clic en el vínculo **Servicios de Index Server**. En la caja de diálogo que se abre, chequee el **botón Sí deseo habilitar Servicios de Index Server...**. Este servicio se activará y comenzará a indexar los documentos de su disco en los períodos libres, en los que no se detecte ninguna actividad en la computadora.

Los administradores pueden administrar, valga la redundancia, el servicio desde el Index Server *snap-in*. Para acceder a él, haga clic con el botón derecho del *mouse* en el ícono **Mi PC** y seleccione **Administrar** del menú contextual. Alternativamente puede hacer clic en **Programas/Herramientas Administrativas/Administración de equipos** del menú del botón **Inicio**.

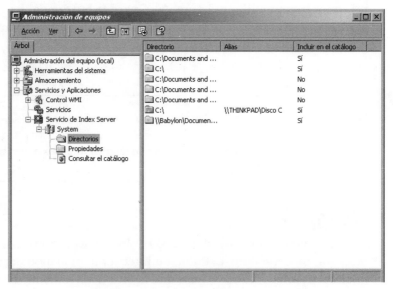

*Durante los momentos en los que el equipo está sin trabajar, Index Server aprovecha para indexar y actualizar el catálogo.*

Index Server almacena el índice que crea en un catálogo. El catálogo predeterminado que se crea al instalar Windows se llama **System** e incluye todos los dispositivos de almacenamiento locales no removibles. Los administradores pueden luego agregar unidades, cambiar la configuración del catálogo e, incluso, crear nuevos catálogos, según las necesidades.

Cada catálogo contiene dos tipos de informaciones:

- **Contenido del documento**. Aproximadamente el 30 % del archivo de un documento –excepto aquellos, como los de texto puro, que no poseen códigos de formato u otra información–, lo ocupa su contenido. Index Server va a omitir palabras inútiles tales como los artículos y preposiciones.
- **Propiedades del documento**. El catálogo contiene información sobre cada documento, incluyendo la fecha de creación, o de último acceso. Las aplicaciones creadoras pueden agregar otras propiedades como autor o palabras clave. Los distintos filtros serán los encargados de avisarle al servicio que debe indexar esas propiedades.

La primera vez que Index Server arranca, hace un escaneo de todos los volúmenes del equipo para crear el catálogo, luego indexa los documentos y finalmente queda en trasfondo, funcionando continuamente. No necesita hacer escaneos periódicos en el disco local ya que es el propio sistema operativo el que va a avisarle cuándo un archivo se creó, se modificó o se eliminó. Sí, en cambio, debe hacerlos para indexar computadoras remotas.

Los administradores pueden determinar, mediante el *snap-in*, el o los directorios o carpetas que se incluirán en el catálogo y los que se excluirán. También pueden usar la página del snap-in `Consultar el catálogo` para hacer búsquedas. Es una página HTML con un campo de texto y opciones para realizar búsquedas básicas o avanzadas. El resultado aparece como una lista de saltos de hipertexto que, al ser activados, abren el documento en el *browser*, siempre que ese documento pueda ser visualizado en él.

Sin embargo, para la mayor parte de los usuarios se recomienda el utilitario `Buscar`, ya que no sólo es más amigable, sino que el resultado es una ventana tipo Explorador, que permite gestionar los archivos encontrados como cualquier otro archivo.

# La Ayuda de Windows

El nuevo sistema de ayuda de Windows 2000 es distinto al de Windows NT e igual –y con algunas mejoras– al de Windows 98, es decir, está basado en HTML y utiliza una nueva aplicación.

Asimismo, todo lo que es ayuda sensible al contexto está mucho

**2**

Cambios y mejoras en la interfase

más extendida. Haga clic con el botón derecho del *mouse* en un control, en un panel o en cualquier caja de diálogo con el botón de interrogación en la Bara de Título y aparecerá una ventana *popup* con algún texto para auxiliarlo o brindarle información sobre el comando a ejecutar o el significado de ese componente.

La Ayuda de Windows 2000 no sólo contiene instrucciones para llevar a cabo las tareas, sino que también informa sobre los conceptos que hay detrás de esas instrucciones. Por ejemplo, si usted está buscando ayuda sobre la configuración del protocolo TCP/IP, en el capítulo Networking*, no sólo encontrará las instrucciones paso a paso, sino que también tendrá acceso a un panorama general y a conceptos relacionados con TCP/IP tales como el significado y la elección de las direcciones IP, etc.

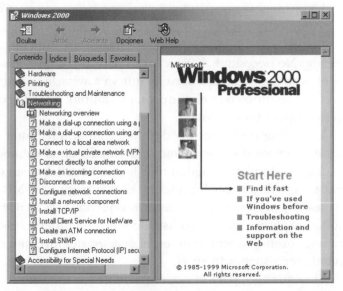

*Basada en HTML, la Ayuda de Windows 2000 no sólo le permite búsqueda por palabras clave o por palabras simples sino también imprimir un tópico completo.*

La interfase de la Ayuda, basada en un navegador de páginas *web*, utiliza un formato especial de archivo HTML, llamado **HTML Compilado**, que se maneja prácticamente de la misma manera que cualquier sitio de Internet, es decir, por medio de saltos de hipertexto.

Fuera del cierto parecido que hay con un *browser*, la ventana principal de la Ayuda posee dos paneles. El de la izquierda va a mostrar un

* *A la escritura de este libro, La Ayuda de Windows aun no había sido traducida (N. del A.).*

despliegue de los distintos capítulos y tópicos de ayuda. Haga un clic en un libro cerrado para mostrar su contenido en el panel derecho. Un doble clic en el mismo libro lo abre, mostrando su contenido en el panel izquierdo en forma de árbol.

Si hace clic con el botón derecho del *mouse* en el panel derecho, un menú similar al que aparece en las mismas circunstancias en el *browser*, le permitirá seleccionar todo el texto, ir hacia a delante o atrás, ver la fuente, (es decir, el archivo de texto abierto en el Notepad), y abrir la hoja de Propiedades, en la que se puede, entre otras cosas, analizar la página en busca de errores y ver si tiene certificado de seguridad.

La Barra de Herramientas predeterminada de la Ayuda de Windows tiene cinco botones:

- **Ocultar/Mostrar** oculta o muestra el panel izquierdo, respectivamente.
- **Atrás** y **Adelante** permiten ir hacia las páginas ya visitadas.
- **Opciones** abre un menú con ítems de navegación y configuración; entre los primeros se encuentran **Atrás** y **Adelante**, **Refresh**, etc. y entre los segundos, **Opciones de Internet** abre la hoja de Propiedades de Internet, la misma a la que se puede acceder desde el **Panel de Control** o el menú **Herramientas** de Internet Explorer. **Web Help** permite buscar ayuda adicional en Internet.

Los fabricantes y desarrolladores que utilicen la aplicación de ayuda pueden, eventualmente, agregar otros botones a la Barra de Herramientas.

El panel izquierdo presenta cuatro índices o solapas, cada una de las cuales tiene una distinta función.

- **Contenido**. Muestra el contenido de la ayuda en forma de esquema de árbol o de niveles.
- **Índice**. En la ventana principal de este índice encontrará la lista de palabras clave que el autor de la ayuda compiló. Puede recorrer el listado mediante la barra de desplazamiento o ingresar las primeras letras de la palabra en el campo **Escriba la palabra clave a buscar**. Una vez que encontró la palabra que buscaba, selecciónela y oprima **Mostrar** para abrir el tópico en el panel derecho.
- **Búsqueda**. Este índice le permite hacer una rápida búsqueda por palabras en la ayuda. En **Escriba la palabra clave a buscar**, ingrese una palabra o frase que desea encontrar. Este campo tiene historial,

**2**

**Cambios y mejoras en la interfase**

así que si oprime la flecha hacia abajo, encontrará las búsquedas anteriores. La flecha a la derecha inserta operadores para más de una palabra en combinación o alternativa. Una vez concluido el tipeo, oprima **Enumerar temas** y una lista de los tópicos de ayuda en los que se encuentra la palabra o frase buscada aparecerá en la ventana. Seleccione la que crea correcta y oprima **Mostrar** para visualizar su contenido en el panel derecho.

- **Favoritos**. A la manera de los Favoritos de Internet, este índice le permite ingresar la referencia a las páginas de ayuda que más consulta. Mientras está en la página que quiere señalar, vaya a este índice. En el campo **Tema actual**, acepte el nombre original o escriba el que considere más acertado y luego oprima **Agregar**. En la ventana aparecerá el favorito con el nombre que usted eligió. Repita el procedimiento para cada una de las páginas que necesita. Si ya no lo requiere más, seleccione un favorito y oprima **Quitar** para eliminarlo. Si desea ver su contenido, oprima **Mostrar**.

# El browser – Internet Explorer

El *browser* de Windows, es decir Internet Explorer, está totalmente integrado al sistema operativo, hasta el punto de que, como dijimos al comienzo de este capítulo, es lo mismo navegar por el contenido del disco local, la red o Internet.

Más aun, en combinación con servidores *web* como Internet Information Services o, incluso Personal Web Server de Windows 2000 Pro, y programas que trabajen con archivos HTML como Office 2000, es posible crear intranets y aplicaciones basadas nada más que en el *browser*, como centro de trabajo.

El *browser* puede arrancar de varias maneras distintas, a saber:
- Haciendo doble clic en su ícono en el Escritorio.
- Seleccionando la opción correspondiente del menú del botón **Inicio/Programas/Internet Explorer**.
- Si tiene activado **Favoritos** en el menú del botón **Inicio** o en la barra de menúes del Explorador o de una ventana de carpeta, seleccionando cualquiera de ellos.
- Si está trabajando en una aplicación que reconoce los *links* a Internet como activos (Outlook Express, Word, etc.)

Quizá haya dos o tres maneras más, pero éstas son las más comunes.

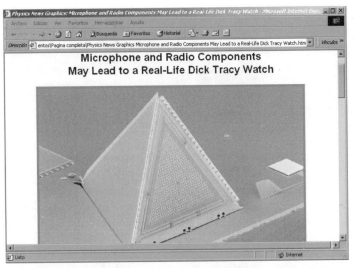

*La interfase de Internet Explorer no cambia desde la versión 4 –salvo ligeras mejoras– para que la curva de aprendizaje sea menor.*

## Configurar Internet Explorer

La configuración del *browser* se lleva a cabo desde la misma hoja de Propiedades con la que se define el resto de los elementos de Internet instalados en la máquina, es decir, el correo electrónico, los grupos de noticias, etc.

Para acceder a ella tiene dos posibilidades: el ícono **Opciones de Internet** del **Panel de Control** y el ítem **Opciones de Internet** del menú **Herramientas** del *browser*.

### General

Este índice es el primero que aparece. `Página de inicio` es el nombre que recibe la página que se abre junto con el Explorador y a la que se recurre cada vez que se oprime el botón `Inicio`.

Usted puede ingresar directamente el nombre de la página en formato `c:\carpeta\archivo.htm` o como URL, es decir, `file://c-:\carpeta\archivo.htm`. Otra manera es abrir la página elegida en el Explorador –ya que puede ser tanto una página local o estar en un servidor remoto Internet (vea más adelante)– y oprimir el botón **Usar actual**. Si selecciona **Predeterminada**, la página de inicio será la que viene originalmente configurada con Internet Explorer. **Usar página en blanco** abre la página en blanco que viene con el paquete y que se ubica en `\WINDOWS\SYSTEM`.

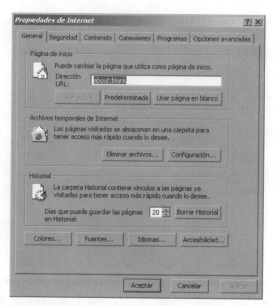

*Las Propiedades de Internet permiten modificar no sólo*
*el comportamiento del browser sino también características*
*como **Autocompletar** o colores de los vínculos de la Ayuda.*

**Archivos temporales de Internet** define dónde y por cuanto tiempo las páginas visitadas se guardarán en el disco rígido; a esto se le llama **caché de páginas**. En tanto **Eliminar archivos** vacía la carpeta elegida, **Configuración** abre una caja de diálogo con la cual se definen otros valores: cada cuánto se actualizará una página almacenada, cuánto espacio en disco se podrá usar para esta caché y qué carpeta se destinará a tal efecto. También es posible abrir la carpeta para visualizar su contenido y eliminarlo. El panel **Historial** define hasta cuántos días se mantendrá el registro de páginas visitadas, el que puede borrarse inmediatamente oprimiendo **Borrar historial**.

Los otros botones de este índice hacen lo siguiente:
- **Colores**: Cambia los colores predeterminados para el texto y el fondo, así como los correspondientes a vínculos a visitar o visitados.
- **Fuentes**: Selecciona las fuentes que Internet Explorer usará en páginas *web* y en documentos que no tengan una fuente especificada. Según los alfabetos disponibles, puede elegir una combinación de fuentes distinta para cada uno.
- **Idiomas**: Muestra los idiomas que elegirá Internet Explorer para mostrar páginas *web* que encuentre con contenido multilenguaje.

- **Accesibilidad**: Cambia las opciones de visualización de sitios *web* para adaptarlas a situaciones adversas. Permite elegir una hoja de estilo especial para su presentación.

# Seguridad

Con este índice se configura la protección contra "intrusos" de Internet Explorer. Éste viene con cuatro configuraciones de seguridad -o "zonas" distintas, en las que las precauciones son diferentes:

- **Intranet local**. Contiene todos los sitios de su *intranet* y es posible definir, mediante el botón **Agregar sitios**, si incluye, además, sitios no listados (de la *intranet*) o que no usen el mismo *proxy*.
- **Sitios de confianza**. Usted sabe que estos sitios no tienen contenido potencialmente peligroso. Oprimiendo **Sitios**, una caja de diálogo le permitirá agregar direcciones URL a la lista de *sites*.
- **Sitios restringidos**. Éstos, en cambio, sí tienen contenido potencialmente peligroso. Aquí también, oprimiendo **Sitios**, una caja de diálogo le permitirá agregar direcciones URL a la lista de *sites*.
- **Internet**. El resto de los sitios, es decir, los que no figuran en alguna de las zonas anteriores, caen en esta categoría.

En general la configuración de máxima seguridad recae para la zona restringida, mientras que la de menor seguridad va para los sitios confiables y la intranet. La zona de Internet quedará definida a su propio albedrío.

Un *slider* permite seleccionar los cuatro niveles de seguridad por omisión para asignar a cada zona, elección que se puede revertir oprimiendo **Nivel predeterminado**. Si hace clic en **Personalizar nivel**, una caja de diálogo se abrirá para mostrarle en detalle todos los parámetros que puede configurar mediante botones de opción. Haga clic con el botón derecho del *mouse* en cada parámetro y seleccione **¿Qué es esto?** para abrir una pequeña ventana de ayuda que le explicará de qué se trata.

Puede modificarlos para adecuar una zona de seguridad a sus necesidades y siempre tiene la opción de restablecer los valores predeterminados.

## Contenido

Este índice define opciones sobre las páginas que pueden o no visualizarse, sobre los certificados de autentificación y la capacidad de pagar mediante tarjeta de crédito a través de Internet.

El panel **Asesor de contenidos** activa un programa de reconocimiento de páginas *web* que hace que las páginas que presenten determinadas características se visualicen directamente o no. Tanto para configurarlo como para activarlo es necesario incorporar una palabra clave.

La caja de diálogo que se abre con el botón **Configuración** posibilita la selección de qué tipo de páginas se visualizarán directamente, cuáles mediante contraseña y cuáles estarán vedadas. Por defecto Internet Explorer viene ligado a una entidad que divide las características en cuatro categorías (Desnudez, Lenguaje, Sexo y Violencia) cada una, a su vez, tiene cinco grados. Podrá incorporar todas las entidades que estén disponibles. Una vez definidos los parámetros de restricción, con el botón **Aceptar** se solicita contraseña para administrar este asesor. Así se pone en marcha el control. El botón cambia a **Desactivar** para cerrar el asesor de contenidos.

Los **Certificados** son una de las dos herramientas que usa el sistema **Autenthicode** –el otro es la encriptación– para verificar la autenticidad e inocuidad del código necesario para visualizar determinadas páginas, generalmente controles ActiveX.

El botón **Certificados** muestra los certificados de seguridad instalados en el equipo. El **Administrador de Certificados** presenta una serie de empresas certificantes con sus categorías y características. Debe estar involucrado en el tema de la certificación de seguridad para manejar con solvencia este accesorio. **Compañías** lista una serie de empresas a las que se reconoce como certificadoras confiables.

**Información personal** es el panel que contiene la información que Internet Explorer y los sitios preparados necesitan para intercambio comercial y para su propio funcionalismo.

**Mi perfil** sirve para introducir información personal. Sus datos irán a la **Libreta de direcciones** predeterminada de Windows.

Vamos a detenernos en **Autocompletar**, ya que esta característica de Internet Explorer, si bien muy útil para ahorrar tiempo o evitar recurrir a ayudamemorias, se transforma en un riesgo potencial de seguridad si otras personas tienen acceso al equipo. No se trata sólo de rever los sitios por lo que se ha navegado sino también lo ingresado en formularios, como datos personales o contraseñas.

**RECUERDE** ~~WINDOWS 2000~~

**Autocompletar** funciona también en otras instancias de Windows, tales como **Buscar**.

Todas las opciones en las que trabaja **Autocompletar**, pueden personalizarse oprimiendo el botón **Autocompletar** del panel **Información personal**.

Chequee todos los casilleros en los que desee que **Autocompletar** funcione, es decir, que recuerde lo ingresado en una ocasión anterior, y deje en blanco aquellos en los que no quiera que funcione. Oprima **Aceptar** dos veces para poner el cambio en vigencia.

Si usted chequea **Preguntarme para guardar contraseñas**, una caja de diálogo aparecerá solicitándole permiso para almacenar la palabra clave cada vez que algún sitio se la pida. Así podrá seleccionar qué palabras claves se guardan y cuáles no.

Adicionalmente, en la misma caja de diálogo tiene la posibilidad de borrar lo "recordado" tanto en formularios como en contraseñas, mediante los botones del panel **Borrar el historial de Autocompletar**.

## Conexiones

Este índice permite establecer las maneras en que el usuario se conectará a Internet.

Si no tiene ninguna conexión o desea agregar una, el botón **Instalar** le dará acceso al **Asistente para la conexión a Internet**.

En la ventana **Configuración de acceso telefónico** verá listados los conectoides que tiene en su equipo. Seleccionando alguno y oprimiendo **Configuración** accederá a sus propiedades. Si necesita añadir más conectoides, el botón **Agregar** abre el **Asistente para nueva conexión**.

Si chequea **No marcar una conexión nunca**, sólo podrá acceder a Internet si realiza la llamada telefónica manualmente antes de abrir el *browser*.

Si chequea **Marcar cuando no esté conectado a la red**, Internet Explorer lanzará la llamada sólo si detecta que no hay una conexión establecida o una red disponible.

**Cambios y mejoras en la interfase** 〔2〕

## CUANDO SE MARCA TELEFÓNICAMENTE...

Para cualquiera de las opciones en las que se deba marcar telefónicamente, debe definir uno de los conectoides como predeterminado con el botón correspondiente.

Si chequea el casillero **Comprobar seguridad del sistema antes de marcar**, Internet Explorer verificará que no existan carpetas compartidas que puedan ser accedidas desde Internet.

Internet Explorer tiene la capacidad de detectar automáticamente si el equipo está conectado en red y cuál es su configuración. Sin embargo, puede saltear el proceso de detección automática y, mediante la caja de diálogo **Configuración LAN** activar o desactivar la detección y definir un *proxy*, es decir, el servidor de red a través del cual su equipo se conectará a Internet.

## Programas y Opciones avanzadas

Los paneles del índice **Programas** permiten definir qué programas se harán cargo de las distintas tareas relacionadas con Internet.

En algunos casos (Correo y Noticias) definen cuáles arrancarán cuando se oprime el botón **Correo** del Explorador.

Si tiene más de un editor de páginas *web*, el que aparecerá al oprimir el botón **Modificar** será el seleccionado en Editor HTML.

**CURIOSIDADES**

## HAY QUE TENER EN CUENTA UN DETALLE

Si selecciona **Bloc de notas**, el botón desplegará un menú que listará los editores instalados en el sistema, lo que no ocurrirá si selecciona, en cambio, una aplicación específica.

Si tiene más de un *browser* y desea que Internet Explorer permanezca como el predeterminado, chequee el casillero **Comprobar si Internet Explorer es el explorador predeterminado**. Esto hace que cada vez que arranca, chequee las asociaciones y, si otro programa las cambió tiene la opción de recuperarlas para Internet Explorer.

El índice **Opciones Avanzadas** presenta una ventana con una amplia serie de opciones de configuración organizadas de la siguiente manera: cada categoría presenta ítems precedidos por un casillero de chequeo. Una marca en el casillero significa activación. Así, en este lugar se pueden habilitar, entre otras prestaciones, la búsqueda desde la Barra de Direcciones, mostrar u ocultar el ícono de Internet en el Escritorio, mostrar o no objetos multimedia, diversas opciones de seguridad, comportamiento de código JAVA, vaciar la caché de páginas al salir, etc.

En el caso de que haya botones de opción, significa que sólo una de las alternativas puede configurarse en ese momento.

**Accesibilidad**, junto con el mismo botón del índice **General**, contribuye con opciones para mejorar la visualización y manejo del Explorador.

**Buscar desde la barra de direcciones** habilita la búsqueda de extensiones cuando se ingresa un nombre. Es decir, si se agregan o no <u>www.</u> al comienzo y <u>.com</u>, por ejemplo, al final.

**Examinar** contiene distintas opciones no sólo de visualización sino también de funcionamiento específico, tales como activación de control de secuencias de comandos, mostrar u ocultar algunos botones o el ícono **Internet Explorer** del Escritorio, etc.

Hay que destacar que **Comprobar automáticamente si hay actualizaciones** especifica que debe comprobarse el *web* para confirmar si hay alguna versión más reciente de Internet Explorer. Si selecciona esta opción, Internet Explorer verificará si hay una nueva versión en el *web* aproximadamente cada 30 días, le notificará cuando así ocurra y le preguntará si desea descargarla.

MÁS DATOS

## OTRAS OPCIONES DE CONFIGURACIÓN
Otras opciones de configuración son **Impresión**, **Multimedia**, **Seguridad**, etc.

El botón **Restaurar valores predeterminados** recupera los parámetros por defecto con que venía configurado Internet Explorer de fábrica.

## La Barra de Menúes

La Barra de menúes no difiere mucho de la de otros programas. De hecho, los ítems están más o menos ubicados como lo hacen en casi todas las aplicaciones de Microsoft. Veremos cada uno de los menúes.

**Archivo** da paso a todas las acciones que se pueden ejecutar con páginas *web* como archivos. **Nuevo** despliega un submenú con las siguientes opciones:

- **Ventana**. Se abre una nueva instancia del *browser* con la última página cargada en ella.
- **Mensaje**. Invoca el editor de mensajes del programa de correo electrónico predeterminado. Por defecto se trata de Outlook Express.
- **Exponer**. Abre el programa de grupo de noticias predeterminado. Por defecto también se trata de Outlook Express.
- **Contacto**. Llama a la **Libreta de direcciones personales**.
- **Llamada por Internet**. Invoca a NetMeeting o a cualquier programa de videoconferencia o telefonía que se haya configurado en su lugar.

**Abrir** abre una caja de diálogo en la que se puede ingresar tanto una dirección URL –el campo desplegable le ofrece las últimas tipeadas en la Barra de Direcciones (ver más adelante)– como un *path* y nombre de archivo. **Examinar** da acceso a una caja de diálogo **Abrir** semejante a la de cualquier aplicación.

**Abrir como carpeta Web** especifica si debe permitirse trabajar con archivos y carpetas ubicados en un servidor *web* de la misma forma que trabajaría con los archivos y las carpetas en **Mi PC** o en el Explorador de Windows. Para saber qué servidores están configurados para carpetas *web*, consulte con el administrador del sistema.

**Guardar como** abre una caja de diálogo similar a la de otros programas, que permite almacenar la página cargada en el *browser*. Hay varias opciones de almacenamiento, las más simples de las cuales son como **texto puro (TXT)** o como **texto HTML** (**Página Web, sólo HTML**). Con este comando, sólo se guarda el texto, no los gráficos ni otros objetos insertados.

La opción **Archivo Web para correo electrónico** crea un archivo con extensión MHT que almacena todos los componentes de la página. De allí que sea el formato de elección para enviar por *e-mail*. En ese caso, el destinatario deberá tener también Internet Explorer 5 para visualizar la página.

CURIOSIDADES

## GUARDAR UNA PÁGINA COMPLETA

Internet Explorer puede almacenar una página con todos sus componentes. Si selecciona **Página Web completa**, se grabará el archivo principal, el HTM en una carpeta y se creará una subcarpeta que contendrá los elementos (archivos JPG, GIF, etc.) que completan la página.

**Configurar página** e **Imprimir** despliegan las típicas cajas de diálogo para definir márgenes, tamaño de papel y elegir la impresora. Internet Explorer permite encabezados y pies de página que pueden modificarse usando los siguientes comandos:

| | |
|---|---|
| **&w** | El título de la ventana. |
| **&u** | La dirección URL de la página. |
| **&d** | La fecha en formato corto (según **Configuración regional** del Panel de Control). |
| **&D** | La fecha en formato largo (según **Configuración regional** del Panel de Control). |
| **&t** | La hora en el formato especificado en **Configuración regional** del Panel de control. |
| **&T** | La hora en formato de 24 horas. |
| **&p** | El número de página actual. |
| **&P** | El número total de páginas. |
| **&&** | Un signo *and* (& - *ampersand*). |
| **&b** | Centrado el texto que sigue inmediatamente a este carácter. |
| **&b&b** | Centrado el texto que sigue inmediatamente al primer "&b" y justificado a la derecha el texto que sigue al segundo "&b". |

**Enviar** abre un submenú que le da las opciones de enviar la página que está cargada en el *browser* a través del correo electrónico a un destinatario –se abre el editor de mensajes electrónicos con la página cargada–, o sólo el vínculo a ella (el destinatario deberá conectarse para verla); la otra opción es crear en el Escritorio un acceso directo de modo de que la página pueda ser rápidamente invocada de nuevo.

**Importar y exportar** es un comando que abre un asistente para convertir favoritos y *cookies* desde y  hacia Navigator/Communicator de Netscape.

Finalmente, con la opción de chequeo **Trabajar sin conexión** se utiliza el Explorador para leer el contenido del caché de páginas y/o para navegar *off line* por un sitio bajado o actualizado en otro momento.

---

HAY QUE SABERLO

### LA SINCRONIZACIÓN DE ARCHIVOS Y CARPETAS

La **Sincronización de archivos y carpetas** se puede usar para bajar páginas *web* y leerlas *off line*. Para acceder a la sincronización se debe activar la opción **Disponible sin conexión** que se encuentra tanto en la caja de diálogo de **Agregar Favoritos** como en la de **Organizar Favoritos**. El mecanismo es prácticamente el mismo.

---

El menú **Edición**, además de los clásicos comando para **Copiar**, **Cortar** y **Pegar** –se puede seleccionar una porción del texto de una página y accionar sobre él– posee otro más: **Buscar en esta página** abre una caja de diálogo para buscar una palabra en la página, dándole las opciones de comenzar hacia abajo o hacia arriba del cursor, diferenciar mayúsculas y minúsculas y tener en cuenta o no la palabra completa.

El menú **Ver** regula la visualización de los distintos objetos que componen la ventana del *browser*. El primer segmento se refiere a las barras: de Herramientas, de Estado y del Explorador. Una marca de chequeo junto a cada ítem del submenú desplegado significa que ese objeto se verá.

---

HAY QUE SABERLO

### PARA TENER EN CUENTA

Las barras de herramientas son la de Botones, la de Vínculos y la de Direcciones, la de Radio.

---

**Personalizar** abre una caja de diálogo con dos ventanas. En la de la izquierda aparecen todos los botones disponibles; en la derecha, los que ya están en la Barra de Herramientas. Seleccione uno y arrástrelo de una ventana hacia la otra (u oprima **Agregar** o **Quitar**) para acomodar y organizar su Barra de Herramientas. Adicionalmente, puede elegir, de sendos campos desplegables, el tamaño de los íconos y si van con texto y cómo.

La Barra del Explorador, por su parte, es un panel que se abre a la izquierda de la ventana del *browser* conteniendo uno de los siguientes elementos:

- **Búsqueda**: Por omisión se conecta a una página de Microsoft que contiene campos para intentar una pesquisa por diversos motores de búsqueda.
- **Favoritos**: se puede tener permanentemente desplegada en este panel su lista de lugares a visitar. Desde esta barra también se accede a las cajas de diálogo **Agregar Favoritos** y **Organizar Favoritos**.
- **Historial**: Los sitios visitados pueden ordenarse por fecha, por sitio, por el más visitado o por el orden de visita de hoy. Además, es posible buscar el nombre del sitio si no recuerda su dirección mediante **Búsqueda**.
- **Carpetas**: es una ventana similar a la que tiene el Explorador de Windows –en rigor es la misma– en la que se muestran los elementos del equipo, como las unidades y carpetas de sistema, y las páginas *web* visitadas como si fueran más elementos.
- **Sugerencia del día**: abre una ventana inferior en la que se muestra un *tip*.

---

MÁS DATOS

### CÓMO CERRARLAS

Cualquiera de estas barras puede cerrarse con el pequeño botón de la **X** del ángulo superior derecho o por medio del menú contextual que aparece al hacer clic con el botón derecho del *mouse* en la barra superior.

---

El submenú **Ir a** contiene opciones de navegación. **Atrás** y **Adelante** son las páginas previa y siguiente a la actual; cualquiera de las dos puede faltar (especialmente si recién se abre el *browser*). **Subir un nivel** va hacia el nivel superior en una estructura de carpetas (si está mostrando el contenido de carpetas en un disco) o en un sitio (si se estaba, por ejemplo, en www.pcusers.com/Windows 2000, se va a www.pcusers.com). **Página de inicio** abre la página principal del *browser*;

**Detener** suspende la carga de la página actual, mientras que **Actualizar** la vuelve a invocar. **Tamaño del texto** despliega un submenú con cinco opciones de tamaño de las fuentes que se usan para visualizar una página. **Codificación** activa el reconocimiento automático del idioma de la página cargada o permite elegirlo de una amplia lista; esta acción depende de que se hayan o no instalada la compatibilidad para distintos idiomas.

**Código fuente** abre el **Bloc de Notas** con la página cargada en formato HTML (salvo que tenga prerrogativas especiales no podrá modificar la página) y **Pantalla completa** despliega el Explorador por toda la pantalla dejando sólo una barra en el borde superior.

El menú **Favoritos** despliega los accesos directos que representan distintos sitios de Internet.

En el menú **Herramientas**, **Correo y noticias** abre un submenú que permite usar el correo electrónico ya sea para mandar un mensaje, enviar la página actual como un vínculo o como un acceso directo y abrir el cliente de correo para leer *e-mail* o *newsgroups*.

**Sincronizar** actualiza las páginas programadas para verse fuera de línea y **Windows Update** invoca el sitio de Internet que Microsoft destinó para actualizar Windows 2000. **Mostrar vínculos relacionados** abre la Barra de Búsqueda con el propósito de encontrar páginas afines al tema de la página actualmente cargada.

**Opciones de Internet** abre la hoja de **Propiedades** de Internet que vimos en Configuración.

Finalmente, el menú **Ayuda** da acceso, con la opción **Contenido e índice**, al sistema de ayuda. El resto de las opciones invocan distintos sitios de Internet, excepto **Acerca de** que abre una caja de diálogo con información sobre el producto.

Un párrafo aparte merece el menú contextual. Aunque la mayor parte de las opciones son las mismas de la Barra de Menúes, no sólo cambian según el objeto cliqueado –de ahí que sea un menú contextual–, sino que el agrupamiento específico de las opciones lo hace una herramienta muy útil.

Si el clic lo hizo sobre un espacio vacío de la página, aparecerán las opciones:

**Atrás** y **Adelante** que lo enviarán a las páginas previa y posterior.

**Guardar fondo** permite guardar en el disco el archivo que se está usando (si lo hay) como el fondo de la página. **Establecer como papel tapiz** coloca el archivo como fondo del Escritorio.

**Copiar fondo** lo envía al **Portapapeles**.

---

CURIOSIDADES

## COMPONENTES DE ACTIVE DESKTOP

**Establecer como elemento del Escritorio** hace que la página actual se convierta en un componente de Active desktop, es decir, que la página *web* se visualice como fondo o como un marco en el Escritorio.

---

**Crear Acceso Directo** origina un acceso directo en el Escritorio mientras que **Agregar a Favoritos** abre la caja de diálogo que permite incluir el acceso directo dentro de alguna de las ramas del menú **Favoritos** y/o configurarla para verla sin conexión.

**Ver código fuente** abre una instancia del **Bloc de Notas** (si el archivo es muy grande, solicita permiso para abrir WordPad) con la página cargada en formato HTML.

**Codificación** abre un submenú que da a elegir entre una detección automática o selección manual de los alfabetos instalados.

**Imprimir** abre la caja de diálogo de impresión. **Actualizar** vuelve a cargar la página.

**Propiedades**, finalmente, abre una hoja de Propiedades con información sobre la página como el título, tamaño, protocolo y dirección URL.

Si el clic se ha hecho sobre una imagen, las opciones específicas son **Guardar imagen como...**, que permite grabar el archivo gráfico independientemente de la página, y **Establecer como papel tapiz**, que lo ubica como fondo del Escritorio.

Cambios y mejoras en la interfase   2

Un clic derecho sobre un *link* habilita otras opciones:

**Abrir**, la opción predeterminada, equivale a un clic izquierdo, es decir, a activar el *link*.

**Abrir en ventana nueva**, en cambio, abre una nueva instancia del Explorador cargado con la página o imagen referenciada por el *link*.

**Guardar destino como** abre una caja de diálogo para guardar en el disco rígido el destino del *link*, es decir, una página o un archivo.

**Imprimir destino** envía la página referenciada en el *link* a la impresora.

Si el *link* es una imagen, **Copiar** la envía al **Portapapeles**, mientras que **Copiar Acceso Directo** envía la dirección referenciada por el *link*.

RÁPIDO Y FÁCIL

### COPIAR ELEMENTOS DE INTERNET

En cualquier momento, se puede seleccionar un elemento de la página (o todos) y copiarlos al **Portapapeles**.

# La Barra de Herramientas

La Barra de Herramientas de Internet Explorer reproduce prácticamente todos los comandos de la Barra de Menúes, así que en lo que a semejanzas respecta, haremos sólo un breve paneo.

En rigor, las barras de herramientas son, como ya dijimos, cuatro: la de Botones, la de Direcciones, la de Vínculos y la de Radio.

La Barra de Botones puede ser alterada en cualquier momento mediante **Personalizar**. También accede a ella haciendo clic con el botón derecho del *mouse* en cualquier espacio vacío de la Barra de Herramientas y seleccionando la opción homónima.

HAY QUE SABERLO

### BARRA PERSONALIZABLE

La única barra de herramientas personalizable es la llamada Estándar, ya que es la única que acepta que se le agreguen o quiten botones. Si quiere eliminar el botón **Ir a** de la Barra de Direcciones, tiene que ir a **Opciones de Internet** y, en el índice **Opciones avanzadas**, quitar el chequeo del casillero **Mostrar el botón Ir a en la barra de direcciones**.

La Barra de Direcciones presenta un campo de texto en el que se ingresa una dirección URL o un lugar en el disco. Posee historial, representado por una pequeña flecha a la derecha, que despliega un menú de todas las direcciones tipeadas a fin de que pueda seleccionar una con el *mouse*.

También posee, si se habilita, el mecanismo llamado **Autocompletar**. A medida de que se van ingresando letras, el Explorador despliega un campo que propone distintas direcciones que tiene almacenadas en su memoria, de sitios que ya fueron tipeado. Otras funciones de **Autocompletar** son la búsqueda de extensiones (ingrese un nombre e Internet Explorer buscará un sitio con ese nombre y algunas extensiones tipo .com o .net, así como prefijos www.) y la **Autocorrección**, según la cual se corrigen automáticamente errores de tipeo.

Para ir a un sitio *web*, después de ingresar el URL, tiene la opción de teclear **ENTER** o hacer clic en el botón **Ir a** junto a la Barra de Direcciones.

La Barra de Vínculos le permite tener en una barra –valga la redundancia– acceso a los sitios más frecuentemente visitados; algo así como un atajo, sin pasar por el menú **Favoritos**. Esta barra es fácilmente personalizable y se puede agregar botones mediante la opción **Organizar favoritos** o simplemente arrastrando un acceso directo.

En cualquiera de las barras haciendo clic con el botón derecho del *mouse* se desplegará, como menú contextual, un submenú semejante al de **Ver/Barra de herramientas**, para mostrar u ocultar cualquiera de las tres barras o acceder a la caja de diálogo de Personalización.

## Barra del Explorador

Se llama así al panel que aparece a la izquierda de la ventana del *browser*. Ofrece distintos servicios según cuál de ellos ocupe este panel, que se abre con los botones de la Barra de Herramientas o con las opciones **Ver/Barra del Explorador**.

**Búsqueda** conecta con una página del sitio de Microsoft Network que contiene un campo de texto para ingresar los criterios de búsqueda. Una vez seleccionado el motor y tipeada la palabra, se oprime el botón **Buscar**. En el mismo panel aparecerán los resultados, es decir, la lista de sitios que corresponden a estos criterios. Haciendo clic en los *links*, aparecerá el sitio elegido en el panel de la derecha, es decir,

Cambios y mejoras en la interfase 2

en la ventana principal de *browser*. **Personalizar** abre una ventana independiente con un sitio de Microsoft en el que se pueden elegir los motores de búsqueda que se van a usar y los ámbitos en los que se verificará la búsqueda.

**Favoritos** abre la carpeta de **Favoritos** en la Barra del Explorador. Sus accessos directos aparecerán como *links* y usted podrá navegar de uno al otro haciendo clic en ellos. Si tiene la carpeta organizada en submenúes, y hace clic en el nombre principal, se desplegará bajo él el resto de los elementos.

HAY QUE SABERLO

### RECUERDE

El utilitario **Buscar** no es más que una variante de Internet Explorer. El administrador puede determinar que tanto el sitio de búsqueda como el de personalización sean otros.

*La Barra del Explorador puede servir, como en este caso, para volver a visitar los sitios que se vieron los últimos días.*

**Historial**, por su parte, guarda memoria de todos los lugares que hemos recorrido el último tiempo; su límite es la cantidad de días que establecimos en la configuración de Internet. Según la opción que seleccione oprimiendo el botón **Ver**, este panel confecciona una especie de menú en el que aparecerán, como ítems, las semanas anteriores a la actual, los últimos días de esta semana y **Hoy**, o un orden alfabético por el nombre del sitio o por sitio más visitado. Haciendo clic en cada una de estas opciones, se despliega, debajo de ellas, una dirección de Internet; nuevamente haciendo clic, se despliegan todas las páginas que corresponden a ese sitio.

Cuando ya no lo necesite, puede cerrar el panel haciendo clic en el pequeño botón **Cerrar** del borde superior, haciendo clic con el botón derecho del *mouse* en esa barra y eligiendo **Cerrar** o, simplemente, volviendo a oprimir el botón correspondiente en la Barra de Herramientas.

## Los Favoritos

DEFINICIONES

FAVORITOS

Los **Favoritos** son accesos directos –llamados accesos directos a Internet– que se guardan en una carpeta especial bajo la de **\Documents and Settings**, y que se "traducen" en un menú o en una Barra de Explorador, cuando son invocados desde el *browser*.

Normalmente hay varias maneras de crear accesos directos a Internet y vamos a verlos rápidamente:

- Una vez que tiene cargada la página de Internet de la que desea crear un acceso directo, haga clic en la opción **Agregar a Favoritos** del menú **Favoritos**. La caja de diálogo que se abre (vea más adelante) le permite agregar un acceso directo en el lugar que prefiera poniéndole el nombre que desee.
- Si hay un *link* que usted desea guardar como favorito, haga clic con el botón derecho del *mouse* sobre él y seleccione **Agregar a Favoritos** del menú contextual.
- Para crear directamente un acceso directo, haga clic con el botón derecho del *mouse* en la ventana de carpeta **Favoritos** –o en el Explorador– y seleccione **Nuevo Acceso Directo** del menú contextual. En

el **Asistente para crear accesos directos**, en **Línea de comando**, ingrese la dirección URL del sitio que quiere agregar, es decir, sin olvidar comenzar por http://. El Asistente lo reconocerá y transformará ese acceso directo común en uno a Internet.

- Finalmente, se arrastra un *link* a **Favoritos** o a la Barra del Explorador; en este último caso es posible acomodar el acceso directo en cualquiera de los submenúes.

Probablemente la primera opción sea la mejor. Para agregar a **Favoritos** la página que tiene en pantalla, haga clic en **Favoritos/Agregar a Favoritos**. Puede aceptar el nombre de la página que le proponen o ingresar el que a usted más le guste. Será el nombre que aparecerá en el menú.

Si no desea que el Favorito aparezca en la rama principal del menú, oprima **Crear en>>**. Aparecerá la parte inferior de la caja de diálogo –donde se ve el árbol de carpetas–, seleccione la rama (carpeta) del menú en la que aparecerá el Favorito o, si lo desea, oprima el botón **Nueva Carpeta** para crear una nueva subrama (subcarpeta) en la rama seleccionada.

Si desea tener la posibilidad de leer y navegar la página sin estar conectado a Internet, chequee el casillero **Disponible sin conexión**. Oprima **Personalizar** y siga las instrucciones del Asistente para programar los niveles de páginas que hay que bajar, si el sitio necesita contraseña y si la sincronización se hace manualmente o se programa.

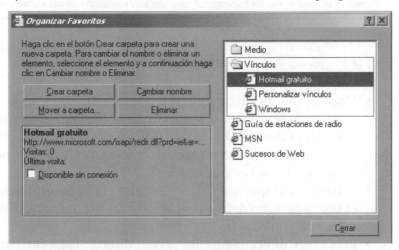

*Esta caja de diálogo no sólo permite organizar los Favoritos sino también programar la sincronización de aquellos sitios que se quiere ver fuera de línea.*

Dado que es posible tener una buena cantidad de accesos directos, lo ideal es organizarlos, por lo menos, por temas o por direcciones.

Vaya a **Favoritos/Organizar Favoritos**. En el panel de la izquierda de la caja de diálogo que se abre tiene instrucciones y botones para ejecutar comandos. Un panel le informa de la cantidad de veces que ha visitado esa página. Si chequea el casillero **Disponible sin conexión**, se habilitará el botón **Propiedades**, que le permitirá programar la bajada del sitio para navegarlo fuera de línea.

Cada vez que haga clic en un ícono de carpeta, por debajo de ella se desplegarán todos los accesos directos que corresponden a los Favoritos. Por medio de los botones, es posible crear carpetas nuevas, que se comportarán como submenúes, cambiar los nombres de los favoritos y de las carpetas o eliminarlas y mover un favorito o una carpeta a otra.

Si hace clic con el botón derecho del *mouse*, un menú contextual le permitirá llevar a cabo algunas otras acciones tales como cargar la página para editarla o imprimirla, enviar el acceso directo mediante el submenú **Enviar a**, modificar las propiedades del favorito, etc.

En ese mismo lugar se puede programar una página para poder verla sin conexión o sincronizada. Si oprime el botón **Propiedades** que se habilita al chequear el casillero **Disponible sin conexión**, aparecerá la misma hoja de **Propiedades** de un acceso directo a Internet, pero con dos índices suplementarios semejantes a los que vimos para programar una sincronización.

Hay algunas carpetas que vienen por defecto. Una es **Vínculos** y corresponde a la Barra de Vínculos. Esto significa que se puede agregar o quitar cualquiera de los accesos directos que ya vienen o colocar los propios que se verán en la barra. Otra es **Medio**, que contiene vínculos a páginas con contenido multimedia.

HAY QUE SABERLO

### SUBCARPETAS

**Favoritos** es una carpeta dentro de la cual se pueden crear subcarpetas. Por lo tanto, si abre en el Explorador o en una ventana la carpeta **\Documents and Settings\User.Computer\Favorites**, puede copiar, mover, renombrar y eliminar los accesos directos tal como trabaja con el resto de los archivos.

Los usuarios que se acostumbraron a usar los productos de Netscape, Internet Explorer puede importar y exportar Favoritos y *cookies* desde y hacia los formatos de Netscape, es decir, los que usan Navigator y Communicator.

Cambios y mejoras en la interfase — 2

| Asistente para importar/exportar favoritos | PASO A PASO |
|---|---|

Los pasos del Asistente son los siguientes:

**1** Haga clic en la opción **Importar y exportar** del menú **Archivo**.

**2** En la pantalla de bienvenida al asistente, oprima **Siguiente**.

**3** Seleccione si va a importar Favoritos o *cookies* o si va a exportar-los. Oprima **Siguiente**.

**4** Chequee la opción adecuada. Si va a importar, desde una aplica-ción o ubicación en el disco. Si va a exportar, desde una rama o todos los favoritos y a dónde se ubicarán. Oprima **Siguiente**.

**5** Seleccione la carpeta en la que se ubicarán los nuevos archivos. Oprima **Siguiente**.

**6** Una vez seleccionadas todas las opciones, oprima **Finalizar**.

# Repaso

En este capítulo usted ha visto:

1. Las nuevas cajas de diálogo que utiliza Windows 2000. La mejoras al me-nú **Inicio**. Las funciones **Autocompletar** y **Menúes a demanda**. Algo más sobre las carpetas del sistema.

2. Cómo se personalizan el menú del botón **Inicio**, la Barra de Herramien-tas del Explorador y de Internet Explorer y las carpetas.

3. Cómo se usan el utilitario de Búsqueda y la Ayuda de Windows.

4. Cómo se configura y se usa el *browser* de Internet de Windows, es decir, In-ternet Explorer.

# MICROSOFT MANAGEMENT CONSOLE

**Donde se habla de la principal herramienta de administración de Windows 2000, cómo se usa y cómo se configura.**

**Capítulo 3**

# Qué es MMC

Esta herramienta de configuración es tan básica que merece un capítulo especial por la simple razón de que es un contenedor para **todos** los componentes de administración y configuración de Windows 2000.

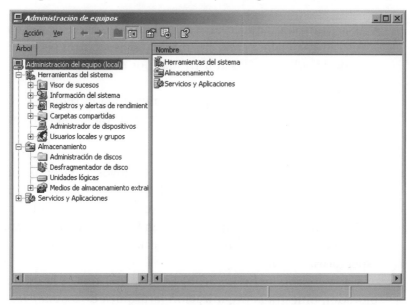

*La consola de administración de Microsoft es el nuevo espacio de centralización de control de Windows.*

Microsoft Management Console (MMC) provee un método estandarizado para crear, abrir y guardar herramientas administrativas, llamado consola.

DEFINICIONES

**CONSOLA**

Una consola, en este contexto, es un conjunto determinado de herramientas en una misma interfase.

MMC no posee en sí misma capacidades administrativas sino que "hospeda" un tipo especial de aplicaciones llamadas *snap-ins* o **complementos**, cada una de las cuales sí puede usarse para tareas administrativas.

Microsoft Management Console · 3

Las ventajas de MMC se sintetizan en tres ítems:

- Llevar a cabo la mayor parte de las tareas administrativas desde MMC ahorra tiempo por cuanto todo se hace en una misma interfase, cualquiera sea la labor.

- Usar consolas para llevar a cabo la mayor parte de las tareas administrativas permite crear herramientas específicas para cada usuario, es decir, sólo aquéllas autorizadas por el administrador.

- Hay *snap-ins* preparados para administración remota y eso permite centralizar la administración desde una sola computadora.

Las consolas pueden tener uno o más *snap-ins* y se guardan como archivos con la extensión MSC. Estos archivos almacenan tanto la configuración de la consola como la de cada *snap-in*, por lo que pueden abrirse y conservar los parámetros aún desde computadoras remotas.

MMC tiene opciones que permiten la creación de distintas consolas para que otros administradores o usuarios puedan ejecutar acciones específicas.

Cada consola tiene un árbol (*console tree*) que, a la manera del Explorador, muestra la organización jerárquica de los *snap-ins* instalados en esa consola. El panel derecho presenta el contenido de cada *snap-in* seleccionado, ya sea un informe en el caso de los que se dedican a reportes de funcionamiento o controles de ejecución, en el caso de programas.

Los menúes **Acción** y **Ver** cambian sus opciones según el contenido o función de los *snap-ins* (complementos). Éstas son las aplicaciones diseñadas para ser usadas mediante MMC. Hay dos tipos de complementos: independientes y extensiones.

Los **Complementos Independientes** (*Stand-alone snap-ins*) son conocidos simplemente como *snap-ins*. Cada uno de ellos provee una función o un conjunto determinado de funciones. Cada versión de Windows 2000 viene con un grupo de consolas predeterminadas, la mayor parte de ellas con distintos subconjuntos de *snap-ins*. Como es obvio, aquellas funciones de administración de red que necesita Windows 2000 Server, no estarán en Windows 2000 Pro.

**Extensiones de complementos**, conocidos simplemente como **extensiones**, proveen funcionalidades adicionales a otros *snap-ins*. Se diseñaron para añadir funciones a *snap-ins* independientes, basados en las que éste ya cumple. Cuando se crea una consola (vea más adelante) y se desea añadir extensiones, sólo aparecerán aquéllas relacionadas o compatibles con el *snap-in* seleccionado.

CURIOSIDADES

### PARA TENER EN CUENTA

Si usted añade *snap-ins* con extensiones, éstas se instalarán automáticamente, a menos que explícitamente se eliminen o se deshabiliten algunas.

Una misma extensión, incluso, puede agregarse a varios *snap-ins*, mientras cumplan con el requisito de la compatibilidad. Finalmente digamos que en ocasiones, algunas extensiones pueden funcionar como un *snap-in* independiente.

Aunque lo veremos más en detalle un poco más adelante, hay que destacar acá que las consolas tienen dos modos de operar.

El modo **Usuario** no permite a los usuarios agregar, quitar o modificar la configuración de la consola. Este modo tiene, además, tres opciones: **Acceso completo** (todo el árbol disponible, capacidad de abrir varias ventanas y navegar entre los *snap-ins*), **Acceso delegado**, **ventanas múltiples** (se pueden abrir varias ventanas pero no todo el árbol está disponible) y **Acceso delegado**, **ventana única** (no se puede abrir más de una ventana y hay porciones del árbol restringidas).

El modo **Autor** admite acceso completo a toda la funcionalidad de MMC. Guardar la consola en este modo habilita agregar o quitar *snap-ins*, la creación de ventanas, ver todas las porciones del árbol de la consola y guardar el archivo MSC.

## Usando consolas MMC

Como dijimos al principio, Windows 2000 trae varias consolas preconfiguradas, las que permiten la mayor parte de las tareas administrativas. Éstas contienen los *snap-ins* más comúnmente usados y aparecen en **Programas/Herramientas Administrativas** del menú del botón **Inicio**.

Microsoft Management Console 3

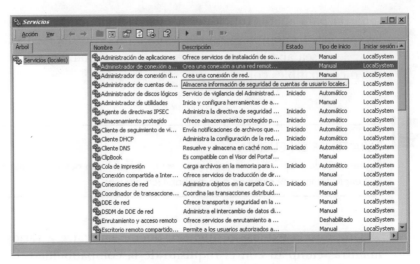

*Windows viene con varias consolas armadas predeterminadas, una de las cuales es la que vemos en la imagen.*

Por su parte, las consolas que aparecen en **Herramientas Administrativas** serán distintas, según se trate de Windows 2000 Pro o de Windows 2000 Server. Cuando se instalan componentes adicionales a Windows, también se añaden las consolas preconfiguradas, como en el caso de agregar el servicio de Domain Name Server o Internet Information Services. En ambos procedimientos se instalan las consolas de control de DNS y de IIS.

Aun cuando las preconfiguradas no se pueden modificar, sí es posible crear consolas nuevas con cualquiera de los *snap-ins* instalados en el sistema, más otros que pudiesen ser agregados por otros fabricantes.

Quizás el administrador desee crear consolas personalizadas con los servicios que usa más frecuentemente. Puede guardarlas como un archivo para reutilizarlas cada vez que las necesite, distribuirlas entre otros administradores o centralizar varias tareas administrativas distintas en una sola consola utilizable desde cualquier equipo de la red.

RÁPIDO Y FÁCIL

## CONSOLAS PERSONALIZADAS

Crear consolas personalizadas tiene la ventaja de no tener que pasar de una preconfigurada a otra en medio del trabajo.

Para usar las preconfiguradas, sólo hay que hacer clic en **Progra-mas/Herramientas Administrativas** y elegir la que se va a usar.

RÁPIDO Y FÁCIL

WINDOWS 2000

### PARA TENER EN CUENTA

Si **Herramientas administrativas** no está a la vista...
**1.** Haga clic con el botón derecho del *mouse* en la Barra de Tareas.
**2.** Seleccione **Propiedades** del menú contextual.
**3.** En la ventana **Configuración del menú Inicio** del índice **Opciones avanzadas**, che-quee el casillero **Mostrar Herramientas Administrativas**.
**4.** Oprima **Aplicar** y luego **Aceptar**.

La otra opción es arrancar las consolas haciendo doble clic en los archivos MSC guardados. Generalmente las consolas preconfiguradas van a estar en la carpeta **\WINNT\system32**, suponiendo que **\WINNT** sea el nombre de la carpeta de instalación de Windows.

Para crear consolas personalizadas, el procedimiento es el siguiente:

### Crear consolas personalizadas      PASO A PASO

Para dar un ejemplo práctico, crearemos una consola dedicada a las funciones de administración de discos.

**1** En la caja de diálogo **Ejecutar**, del menú del botón **Inicio**, ingre-se **mmc**. Oprima **Aceptar**. Microsoft Management Console (MMC) arrancará con una consola vacía.

**2** Maximice la ventana **Raíz de la Consola**. Alternativamente pue-de maximizar la ventana de MMC.

**3** Haga clic en **Opciones** del menú **Consola**. En la hoja de **Propie-dades** que se abre, ingrese el nombre que dará a la consola. Luego seleccione el modo de funcionamiento y chequee o deje en blanco los casilleros, según lo que desea permitirle hacer al usuario. Oprima **Aplicar** y luego **Aceptar**.

**3**

Microsoft Management Console

**4** Haga clic en **Agregar o quitar complemento** del menú **Consola**. Oprima el botón **Agregar** del índice **Independiente**. En la ventana principal de la caja de diálogo que se abre, seleccione de la lista el *snap-in* a agregar. Para este ejemplo, seleccione **Administración de disco** y oprima **Agregar**. En la nueva caja de diálogo haga clic en **Equipo Local** y presione **Finalizar**.

**5** Repita el procedimiento anterior con **Desfragmentador de disco**. Una vez que terminó de agregar *snap-ins*, oprima **Aceptar**.

**6** Haga clic en **Consola/Guardar como** para grabar la nueva. Si la guarda en la carpeta `\Documents and Settings\User.Computer\Start Menu\Programs\Administrative Tools`, la tendrá en el submenú **Herramientas Administrativas** del menú del botón **Inicio**.

*Estas dos cajas de diálogo sirven para agregar complementos (*snap-ins*) a las consolas de creación propia.*

La caja de diálogo que permite elegir una computadora no se abre con todos los *snap-ins*. En aquellos que sí lo hacen, si usted selecciona una computadora determinada de la red, ese *snap-in* (o esa consola) podrá administrar la máquina nombrada desde cualquier equipo de la red.

Si el *snap-in* que eligió tiene extensiones, selecciónelo en la ventana principal de **Agregar o quitar complemento** y vaya al índice **Extensiones**. En él puede habilitar todas las extensiones, desinstalarlas, seleccionar sólo algunas o añadir nuevas.

Para personalizar más aun las opciones de una consola determinada, se pueden crear **Cuadros de tareas**.

DEFINICIONES

### CUADROS DE TAREAS

Son páginas HTML en las que se agregan listas de acciones o accesos directos. Los accesos directos pueden servir para arrancar asistentes, abrir hojas de Propiedades o ejecutar comandos de menú..

Cada Cuadro de tareas sirve para agrupar determinadas tareas relacionadas y se pueden agregar varios por consola.

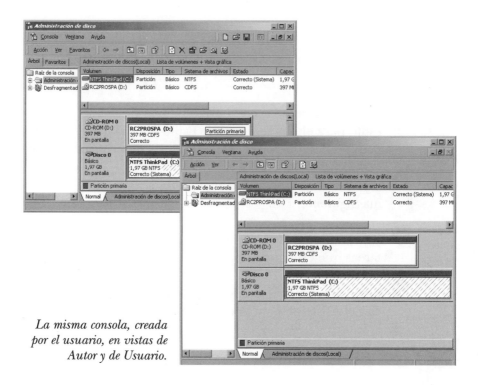

*La misma consola, creada por el usuario, en vistas de Autor y de Usuario.*

Microsoft Management Console  3

Los Cuadros de tareas pueden cumplir el doble objetivo de, para los usuarios novicios, ayudarlos cuando no conocen la ubicación exacta de las tareas en el árbol de *snap-ins* o, para usuarios avanzados, cuando se necesita combinar las tareas de varios *snap-ins* o herramientas.

**HAY QUE SABERLO**

AGREGAR O QUITAR VISTAS

Para agregar o quitar vistas o *snap-ins* a una consola ya creada, hay que abrirla en modo **Autor**. Para hacerlo, haga *clic* con el botón derecho del *mouse* en el archivo MSC y seleccione **Autor** desde el menú contextual.

También puede usar la línea de comandos de **Ejecutar** del menú del botón **Inicio**, ingresando **mmc path\nomarchivo.msc /a**.

Para crear Cuadros de tareas, fíjese en el siguiente procedimiento:

| Crear un Cuadro de tareas | PASO A PASO |
| --- | --- |

**1** Haga clic en **Nueva vista del cuadro de tareas** del menú **Acción**. Se abrirá **el Asistente para nueva vista del cuadro de tareas**.

**2** Oprima **Siguiente** y, en la próxima caja de diálogo seleccione el estilo para el panel derecho (**Estilo para el panel de detalles**) y para las descripciones (**Estilo para las descripciones de tareas**).

**3** Elija si esta vista se aplica al *snap-in* seleccionado o a todos. Oprima **Siguiente**.

**4** Ingrese un nombre y una descripción para el nuevo Cuadro de tareas que está creando. Oprima **Siguiente**.

**5** Si va a agregar más tareas a este *taskpad*, chequee el casillero **Iniciar el Asistente para nueva tarea**. Oprima **Finalizar**.

**6** Si eligió **Asistente para nueva tarea**, este último asistente se va a abrir para agregar tareas. Según si chequea **Comando de menú**, **Comando de Shell** o **Exploración**, las próximas cajas de diálogo le permitirán completar la tarea. Oprimir **Finalizar** al final mostrará la nueva "cara" del panel derecho de la consola.

RÁPIDO Y FÁCIL

TASKPAD

Si no ve los distintos *taskpad* del panel derecho:

1. Haga clic en **Ver/Personalizar**.
2. Chequee el casillero **Fichas de exploración de cuadro de tareas**.
3. Oprima **Aceptar**.

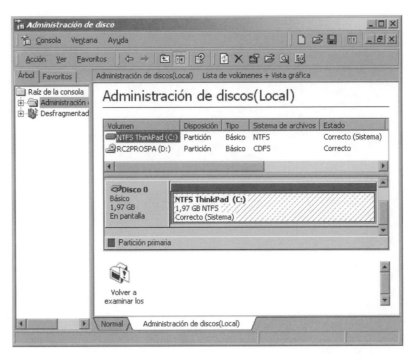

*La misma consola del ejemplo anterior, pero con un nuevo Cuadro de tareas.*

Microsoft Management Console  3

# Repaso

En este capítulo usted ha visto:

1. Qué es Microsoft Management Console.

2. Qué son las consolas y cómo se usan.

3. Qué es un complemento (*snap-in*) autónomo y una extensión.

4. Cómo crear su propia consola.

# HARDWARE

Donde se hace un breve relato del soporte de *hardware* que trae Windows 2000, y de cómo se instalan y configuran los dispositivos y se controla el consumo de energía.

Capítulo 4

Cuando en la introducción dijimos que Windows 2000 tiene una parte importante de la facilidad de manejo y configuración de Windows 98, estábamos haciendo referencia, entre otros, al soporte de *hardware*.

Y en lo que a este tema se refiere, las dos tecnologías que componen los cimientos de Windows 2000 son *Plug & Play* y ACPI (*Advanced Configuration and Power Interface*). En términos de Microsoft, el conjunto de ACPI y *Plug & Play* se conoce como la **Iniciativa OnNow**.

## Iniciativa OnNow y Plug & Play

Como su nombre lo indica, OnNow no es una tecnología especial sino un conjunto de tecnologías entre las cuales *Plug & Play* y ACPI con las más importantes.

Esta iniciativa de diseño hace que las computadoras estén inmediatamente disponibles. En otras palabras, sin OnNow, las PC *bootean* cuando se las enciende. Con OnNow, éstas pasan de un estado de bajo consumo de energía directamente al estado de funcionamiento y viceversa. Cuando una máquina no se usa, pasa a un estado que parece de apagado, sin embargo todavía se encuentra en condiciones de reaccionar a los eventos que se puedan producir en su entorno.

Este sistema no podría llevarse a cabo si los programas no ajustaran su comportamiento a los cambios del estado de la energía, y los dispositivos no estuviesen preparados para participar de la administración de energía del equipo.

*La suspensión y la hibernación son dos características que sólo pueden obtenerse si el equipo está preparado para ACPI.*

Un sistema operativo como Windows, para estar de acuerdo con la especificación, debería asumir el control de la configuración del sistema y de la administración de la energía a través de los BIOS *Plug & Play* y APM (*Advanced Power Management*). Esto lo logra por medio de un modelo unificado de controladores —unificado por cuanto sirven tanto para Windows 98 como para 2000, llamado *Windows Driver Model* (**WDM**)– que soporta *Plug & Play* y administración de energía para el dispositivo que controla. OnNow define una interfase de abstracción por medio de la cual el sistema operativo controla los dispositivos instalados físicamente a través de estos controladores de *software*. Las aplicaciones, a su vez, no sólo deben estar preparadas para responder a los cambios de administración de la energía para los distintos dispositivos —especialmente con aquellos con los que están involucradas– sino también para informar al sistema operativo del estado: trabajando, en espera, en *background*, etc.

### PLUG & PLAY

*Plug & Play* es una combinación de componentes de *hardware* y *software* que reconocen el *hardware* de la computadora y se adaptan a los cambios en la configuración del equipo.

*Plug & Play* es el encargado de hacer el trabajo, de modo de que el usuario no tenga una mayor participación. En lugar de enfrentarse con *jumpers* o *software* de configuración, es el sistema operativo el que se encarga de administrar y asignar los recursos (IRQs, direcciones de memoria, canales DMA, etc.) para cada uno de los dispositivos.

Cuando Windows 2000 arranca, identifica cada uno de los dispositivos instalados en la computadora. Identificar no implica necesariamente reconocer, sino sólo enterarse de su existencia. Ese proceso de identificación se llama enumeración.

Después de enumerar cada dispositivo, *Plug & Play* determina los requerimientos de cada uno y asigna los recursos, que incluyen I/O Ports, peticiones de interrupción (IRQs), canales de acceso directo a memoria (DMA) y direcciones de memoria. Luego almacena la información en el Registro. De esta manera se asegura de que no haya dos dispositivos que usen los mismos recursos y puedan, por lo tanto, tener conflictos entre ellos.

Una vez terminada la enumeración y la asignación, *Plug & Play* busca los controladores de dispositivos y los carga en memoria para llevar a cabo la tercera parte de su tarea: estar al tanto de las modificaciones que se van produciendo. Los "eventos *Plug & Play*" consisten, entre otros, en la inserción o extracción de PC Cards (PCMCIA) o en acoplar/desacoplar (*dock/undock*) una *notebook* de su estación.

Finalmente permite a las aplicaciones registrarse para estar a la espera de algunos eventos *Plug & Play* y de energía, tales como la disminución de la corriente en el monitor, la suspensión, hibernación, etc.

HAY QUE SABERLO

DISPOSITIVOS NO PLUG & PLAY

Windows 2000 sigue soportando los dispositivos no *Plug & Play* (*legacy*) y los controladores para NT. Sin embargo, éstos no gozarán ni de las ventajas de *Plug & Play* y, menos aun, de ACPI, es decir, de la administración avanzada de energía.

# Instalar dispositivos

La manera más rápida y automática de instalar dispositivos es conectar la plaqueta o el componente y encender el equipo.

Como dijimos al comienzo, Windows comenzará a detectar el *hardware* instalado. En cuanto descubre la presencia de los nuevos agregados y los identifica, el **Asistente para agregar o quitar hardware**, que se abre en ese momento, solicitará insertar los medios -disquetes o CD-ROMs- en los que se hallan los controladores. Alternativamente, le dará la opción de definir un *path* para buscar esos controladores en el equipo local o en la red.

Si el dispositivo no es detectado o identificado o no es *Plug & Play*, se puede iniciar el procedimiento arrancando el Asistente.

HAY QUE SABERLO

PARA QUÉ SIRVE EL ASISTENTE

Este Asistente sirve no sólo para la instalación, sino también para la desinstalación, la eyección (de una PC Card, por ejemplo) e, incluso, para solucionar problemas.

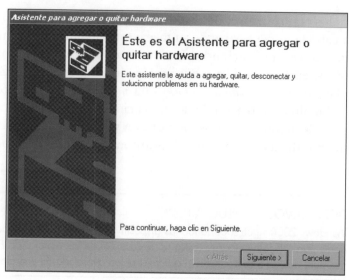

*Este Asistente ofrece la posibilidad de instalar nuevos componentes de hardware.*

Para instalar un nuevo dispositivo, los pasos son los siguientes:

## Instalar un dispositivo                    PASO A PASO

**❶** Abra el Panel de Control y haga doble clic en **Agregar o quitar Hardware**. Se abrirá el Asistente.

**❷** Chequee el botón **Agregar dispositivo o solucionar problemas** y oprima **Siguiente**.

**❸** En la ventana principal de la próxima caja de diálogo, se listarán todos los dispositivos instalados en el sistema. La primera opción de la lista es **Agregar un dispositivo nuevo**, selecciónela y oprima **Siguiente**.

**❹** Si chequea el botón **Sí, buscar nuevo hardware**, el Asistente comenzará el proceso de detección. Windows comenzará a buscar dispositivos recorriendo cada categoría y el progreso se mostrará en una caja de diálogo. Si la detección es positiva, el Asistente mostrará los resultados y solicitará el controlador. Si es negativa, la próxima caja de diálogo le dará la opción de seleccionar su dispositivo manualmente. Oprima **Siguiente**.

**⑤** En la ventana principal de la caja de diálogo que aparece, se listarán todas las categorías de *hardware* disponibles, incluyendo una llamada **Otros dispositivos**. Seleccione la categoría elegida y oprima **Siguiente**.

**⑥** En el panel izquierdo de la caja de diálogo que se abre, aparecen todos los fabricantes con dispositivos reconocidos por Windows. Esta lista incluye un grupo de controladores estándar (genéricos). Al seleccionar un fabricante, en el panel izquierdo se listarán todos los modelos de dispositivos soportados. Si no aparece ni el fabricante ni el modelo, o usted tiene controladores más actualizados, oprima el botón **Utilizar disco** y señale la fuente (*path*, disco, servidor, etc.) en el que se encuentra el controlador provisto por el fabricante. Oprima **Siguiente**.

El Asistente le anunciará que está listo para comenzar a instalar el controlador. Oprima **Finalizar**.

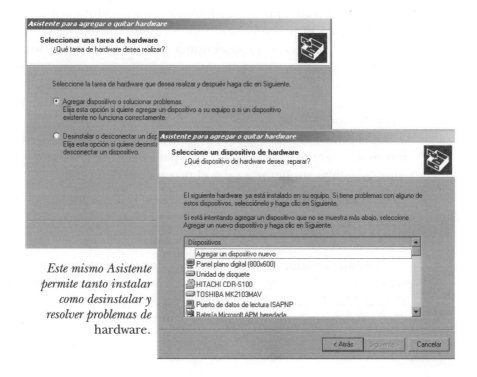

*Este mismo Asistente permite tanto instalar como desinstalar y resolver problemas de hardware.*

Si en el paso 2, usted chequea **Desinstalar o desconectar un dispositivo**, la siguiente caja de diálogo le dará dos opciones.

**Desinstalar un dispositivo**, como su nombre lo indica, le permite eliminar el controlador del sistema. **Desconectar o expulsar un dispositivo**, en cambio, le permite apagar un dispositivo para desconectarlo del sistema o extraerlo si se trata, por ejemplo, de una tarjeta PC Card.

En cualquiera de los dos casos la caja de diálogo que aparece cuando usted oprime **Siguiente** le dará a elegir, en el primer caso, qué dispositivo de los que están instalados va a quitar; en el segundo qué dispositivos tiene insertados/conectados que se pueden desconectar.

---

## ASISTENTE PARA AGREGAR O QUITAR HARDWARE

Salvo contadas excepciones, en general, el **Asistente para agregar o quitar hardware** permite insertar, desinsertar, desconectar y desenchufar dispositivos sin necesidad de apagar el equipo o reiniciar el sistema operativo.

---

Si en el paso 3, en lugar de seleccionar **Agregar un dispositivo nuevo**, hace clic en cualquiera de los dispositivos listados y oprime **Siguiente**, comenzará el procedimiento para resolver problemas. La caja de diálogo que aparece mostrará en una ventana un informe sobre el estado del dispositivo, especialmente si no funciona porque no pudo ser inicialado o hay un conflicto de recursos. Si oprime **Finalizar**, se cerrará el Asistente y aparecerá el Solucionador de problemas del dispositivo en cuestión.

En el paso 4, si usted chequea **No, deseo seleccionar el hardware de una lista**, se abrirá la caja de diálogo para elegir la categoría de dispositivo a instalar sin llevar a cabo el proceso de detección.

# Administrador de dispositivos

El **Administrador de dispositivos**, conocido para quienes vienen de Windows 95/98, es algo así como la "central de control" del sistema *Plug & Play*. La principal diferencia, en todo caso, es que en Windows 2000 es un *snap-in* de MMC (vea el capítulo anterior).

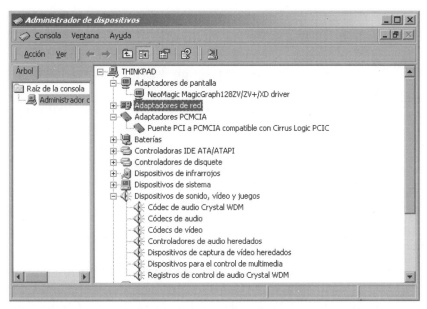

*El Administrador de dispositivos es un* snap-in *de la consola de Administración.*
*Puede estar solo o formando parte de la consola Administración de equipos.*

El Administrador de dispositivos está controlado por el llamado **Administrador** *Plug & Play* (*Plug & Play Manager*). Éste es el encargado de mantener actualizado el árbol de dispositivos que se ve en la ventana principal del Administrador de dispositivos.

Para acceder a este último, tiene varios caminos:

- Haga clic con el botón derecho del *mouse* en **Mi PC** y seleccione **Propiedades**. En el índice **Hardware** oprima el botón **Administrador de dispositivos**.

- Haga clic con el botón derecho del *mouse* en **Mi PC** y seleccione **Administrar**. En la consola que se abre, despliegue la rama **Administrador de dispositivos**.

- En la rama **Programas/Herramientas administrativas**, seleccione **Administración de equipos**. En la consola que se abre, despliegue la rama **Administrador de dispositivos**.

- Alternativamente puede crear una consola tal como vimos en el capítulo anterior.

Este administrador tiene varias vistas, cada una de las cuales se elige desde el botón **Ver**. El menú que se despliega le da la opción de mostrar los dispositivos **por tipo**, **por conexión** y **por recursos**, aunque la vista predeterminada es **por tipo**. Los que vienen de Windows 95/98 lo encontrarán conocido.

Haga clic en el signo + de cualquier rama del árbol para desplegar su contenido, que no es más que uno o más dispositivos. Luego doble clic en el nombre del dispositivo para acceder a su hoja de Propiedades. Alternativamente, puede seleccionar el dispositivo y oprimir el botón **Propiedades** o hacer clic con el botón derecho del *mouse* en el nombre y seleccionar **Propiedades** del menú contextual.

Los dos índices predeterminados que aparecen en todas las hojas de Propiedades de los dispositivos son **General** y **Controlador**.

En **General** aparecerá información básica sobre el dispositivo. En una ventana, un informe indicará si éste está funcionando bien o hay algún problema, que puede ser un conflicto de recursos o la falta de algún archivo del controlador. En el caso de que sea un dispositivo no básico –plaqueta de sonido o de red, por ejemplo– que pueda ser utilizado sólo en algunos perfiles de usuario, el campo desplegable **Uso del dispositivo** permite activar o desactivar el dispositivo.

Si hay algún conflicto o problema reportado en la ventana, puede oprimir el botón **Solucionador de problemas**. Éste le dará acceso a la aplicación de ayuda abierta en los "solucionadores" de problemas (vea más adelante).

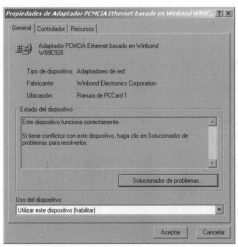

*El índice **General** de esta hoja de Propiedades, además de ofrecerle información básica, le permite deshabilitar el dispositivo o invocar un Solucionador de problemas.*

**Controlador** le ofrecerá detalles más específicos sobre el *driver* que maneja este dispositivo. Luego del nombre, lo primero que aparece es el proveedor del controlador, la fecha y la versión. En caso de que el controlador esté directamente provisto por Microsoft o su funcionalidad, por el sistema operativo, es posible que la fecha y la versión no estén disponibles. Luego viene el nombre de la entidad que aportó la firma digital del controlador.

El botón **Mostrar controlador** abre una caja de diálogo cuya ventana principal lista el o los archivos que se necesitan para que el dispositivo funcione. Seleccione cada uno de los archivos y en el panel inferior aparecerá información sobre el fabricante del controlador, la versión y su derecho de propiedad. Como su nombre lo indica, **Desinstalar** elimina del sistema el controlador de este dispositivo.

**Actualizar controlador** abre un Asistente que le da la opción de elegir un controlador más actualizado o distinto del que está actualmente. Su funcionamiento es semejante al **Asistente para agregar nuevo hardware**.

HAY QUE SABERLO

### TESTEO DE LOS CONTROLADORES

Los controladores para Windows 2000, deben cumplir una serie de requisitos antes de ser aceptados como permitidos para el sistema operativo. Al pasar por un cierto nivel de testeo, un controlador se hace acreedor a una firma digital (*digital sign*) que asegura que la funcionalidad del *driver* es la correcta. La ausencia de firma digital no significa que el *driver* no funcione, sino que éste no ha sido verificado.

Un tercer índice, llamado **Recursos**, va a aparecer en aquellos dispositivos que hacen uso de algún recurso del sistema en particular. En ese caso, en la ventana principal de la caja de diálogo aparecerá el tipo de recurso y su valor. En algunos casos, cuando es posible establecer o corregir la asignación de recursos, estarán habilitados los controles que lo permiten, tanto para cambiar a otra combinación predeterminada como para asignar manualmente. De todos modos, si en el panel **Lista de dispositivos en conflicto** no hay ningún conflicto registrado, no se aconseja modificar ninguna configuración.

Según el diseño del controlador, la hoja de Propiedades puede exhibir otros índices más, con opciones específicas para cada dispositivo.

# Instalar manualmente un dispositivo

Ocasionalmente Windows 2000 puede no detectar adecuadamente un dispositivo en cuyo caso, usted deberá instalarlo manualmente. Otra opción es cuando un dispositivo específico requiere un determinado recurso. La instalación manual asegura que ese recurso esté disponible para ese dispositivo.

Para instalar manualmente un dispositivo, lo primero que hay que saber es qué recurso de *hardware* requiere. A continuación, verificar cuáles están libres y cuáles disponibles. En algunos casos deberá cambiar la asignación de recursos.

## Determinar los recursos requeridos

Los recursos a los que nos solemos referir al hablar de componentes de *hardware*, son los medios con los cuales un dispositivo se comunica con otros dispositivos y con el sistema operativo. Al instalar nuevo *hardware*, necesita conocer qué recursos éste va a utilizar. En general, la información más importante la brinda la documentación del dispositivo, en especial si éste no es *Plug & Play*.

Aun cuando no todos son utilizados, los recursos más importantes son:

- **Interrupciones**. Los dispositivos usan las interrupciones para enviar mensajes. El microprocesador las conoce como peticiones de interrupción (*Interrupt requests* – IRQ) y usa esa información para determinar qué dispositivo requiere su atención y qué tipo de atención hay que brindarle. Windows provee 16 IRQs (del 0 al 15) asignadas a los dispositivos. La IRQ 1, por ejemplo, es asignada al teclado.
- **Puertos entrada/salida**. También conocidos como puertos I/O (*Input/Output*), son una sección de la memoria que los dispositivos usan para comunicarse con el sistema operativo. Cuando el procesador recibe una IRQ, el sistema operativo verifica los puertos E/S para recabar información adicional sobre qué quiere el *hardware* que el sistema operativo haga. Un puerto E/S se representa con un valor hexadecimal (0388-038B).
- **Acceso directo a memoria (DMA)**. Por el otro lado, los canales de acceso directo a memoria permiten que un dispositivo acceda directamente a la memoria, sin interrumpir la tarea del microprocesador. Estos canales aceleran el acceso a la memoria y Windows reconoce ocho, que van del 0 al 7.

- **Memoria**. En ocasiones, algunos dispositivos (como una plaqueta de red) van a necesitar una cantidad de memoria del sistema o memoria física. En este caso, la memoria reservada para un dispositivo no puede ser usada por otro, ni siquiera por el sistema operativo.

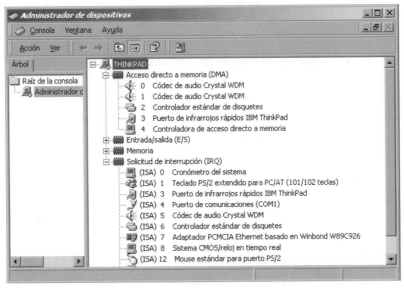

*Esta vista del Administrador de dispositivos permite verificar qué recursos están ocupados y qué dispositivo los usa.*

## Asignar los recursos requeridos

Una vez determinados qué recursos va a utilizar el *hardware*, el siguiente paso es verificar cuáles están disponibles. El lugar al que hay que ir para ello es el Administrador de dispositivos.

Una vez que abierto, tiene que hacer clic en la opción **Recursos por conexión** del menú **Ver**. De esa manera, los dispositivos aparecerán agrupados por los recursos que utilizan. Despliegue cada una de las ramas para ver cuáles están en uso.

Luego, una vez que se aseguró de que el recurso que su nuevo *hardware* va a utilizar no está reservado, abra el **Asistente para agregar o quitar hardware** y proceda a la instalación.

En ocasiones, puede suceder que el recurso que va a utilizar su nuevo *hardware* ya está ocupado por otro dispositivo. En esos casos, lo primero que debe hacer es determinar si la plaqueta que va a insertar tiene algún medio para cambiar el requerimiento de recursos, ya sea a través de *jumpers* o de algún *software*. Si es así, asegúrese de elegir la opción más probable, es decir, aquella que no haga conflicto con otro dispositivo ya instalado.

Si su *hardware* no tiene otras alternativas, deberá cambiar la asignación de recursos a otro dispositivo, aquel que esté usando el recurso que usted necesita. Para cambiar la asignación de recursos, debe acceder al índice `Recursos` de las hojas de Propiedades de los dispositivos.

| Cambiar la asignación de recursos | PASO A PASO |
|---|---|

**1** Oprima el botón **Administrador de dispositivos** del índice **Hardware** de la hoja de Propiedades del Sistema.

**2** Expanda la lista de dispositivos hasta encontrar el elegido. Haga clic con el botón derecho del *mouse* en él y seleccione **Propiedades** del menú contextual.

**3** Vaya al índice **Recursos**. Quite el chequeo del casillero **Usar config. automática** para habilitar el cambio. El campo desplegable **Configuración basada en** le va a ofrecer distintas combinaciones de recursos. Mientras usted va probando las distintas opciones, el panel **Lista de dispositivos en conflicto** le irá indicando si hay alguna interferencia de recursos. En caso de que las combinaciones propuestas no incluyan una opción aceptable, seleccione el recurso que desea cambiar y oprima el botón **Cambiar config**. La caja de diálogo que se abre le permitirá probar el cambio de ese recurso específico.

**4** Una vez elegidos todos los cambios y seguro de que no habrán conflictos sin resolver, oprima **Aceptar** las veces que sea necesario para finalizar el procedimiento y reinicie Windows.

*Éste es el índice desde el cual es posible cambiar la asignación de recursos.*
*Pero recuerde que luego deberá cambiarla físicamente en el dispositivo.*

Antes de proceder a algún cambio en la configuración de los recursos del equipo, una buena práctica es imprimir el contenido del Administrador de dispositivos. Haga clic en el botón **Ver** y seleccione **Imprimir** del menú que se despliega. En la caja de diálogo de Impresión puede elegir si imprime un resumen de todo el sistema, de la clase o dispositivo seleccionado o un informe completo de todo el sistema.

Cualquier inconveniente que le produzca el cambio manual de asignación de recursos, lo podrá resolver recurriendo al reporte impreso, el que le dirá cómo estaban los recursos antes de la modificación.

**HAY QUE SABERLO**

## CAMBIO DE RECURSOS PARA DISPOSITIVOS

Cambiar las asignaciones de recursos para dispositivos no *Plug & Play* en el Administrador de dispositivos **no cambia los recursos utilizados por el dispositivo**. El Administrador, en este caso, sólo sirve para anunciarle al sistema operativo cuál es la configuración del dispositivo. Para cambiar verdaderamente los recursos, deberá proceder según el manual: cambiando algún *jumper* o corriendo algún *software*.

# Troubleshooters

Los *Troubleshooters* o **Solucionadores de problemas** forman parte del sistema de ayuda de Windows. Permiten que sea el propio usuario el que lleve a cabo ciertos procedimientos, antes de que sea necesario llamar al soporte técnico.

Van guiando al operador por medio de una serie de preguntas que conforman una suerte de diagnóstico y, muchas veces, de reparación.

---

MÁS DATOS

### PARA TENER EN CUENTA

Vale la pena aclarar que no sólo sirven para resolver problemas de *hardware* sino también otras dificultades que puedan surgir con la configuración de servicio tales como DHCP o conexión a redes.

---

Ya vimos que accedemos a los solucionadores desde las hojas de Propiedades de los controladores.

También podemos hacerlo directamente desde el sistema de ayuda.

---

**Acceso a los Solucionadores desde el sistema de Ayuda** — **PASO A PASO**

❶ Haga clic en **Ayuda** del menú del botón **Inicio**.

❷ En el índice **Contenido**, despliegue la rama **Solucionadores de problemas y mantenimiento**.

❸ En **Solucionadores de problemas de Windows 2000** aparecerá una serie de palabras clave referidas a distintas tareas del sistema operativo, ordenadas alfabéticamente. Se puede llegar a palabras fuera de la vista oprimiendo botones con las iniciales.

❹ Haciendo clic en las palabras clave, se accede a un solucionador que tiene directa relación con la palabra clave elegida.

Troubleshooter overview\*, por su parte, ofrece instrucciones sobre cómo utilizarlos y, finalmente **Troubleshooters** abre una página de ayuda con todos los solucionadores de problemas disponibles.

### ES OBVIO PERO HAY QUE DESTACARLO

Hay solucionadores que Windows 2000 Server tiene, tales como Domain Name Services, Server Management, WINS y DHCP, que no existen en Windows 2000 Pro.

En el mismo capítulo de ayuda de los solucionadores, aparece un tópico llamado **Mensajes de error**. En el caso de conexiones a red y a telefonía, la Ayuda muestra una lista de mensajes de error con su explicación. Aclara, de todos modos, que las cajas de diálogo en las que aparecen los mensajes de error contienen una opción para invocar ayuda sobre ese fallo y cómo solucionarlo, si es posible.

El capítulo **Referencia** de la Ayuda de Windows 2000 le ofrece más referencias sobre lugares, sitios *web*, herramientas y bibliografía adicional no sólo para resolver problemas sino para acceder a tareas avanzadas de Windows.

# Administración de energía

Windows 2000 tiene la capacidad no sólo de administrar la energía disponible para el equipo sino que es capaz de hacerlo usando la tecnología más moderna que existe en la actualidad: ACPI.

**ACPI** (*Advanced Configuration and Power Interface* – Interfase avanzada de configuración y energía) pertenece a la Iniciativa OnNow y permite bajar el consumo de corriente de una computadora cuando no está en actividad o apagarla cuando ya no está trabajando. Adicionalmente, si hay una "llamada" externa (una petición de red o un llamado por modem), ACPI es capaz de "despertar" a la computadora, esperar a que complete su tarea y volver a ponerla a "dormir".

ACPI, como norma de tecnología, define los siguientes procesos:

* **Administración de energía del sistema**. ACPI define mecanismos para "dormir" y "despertar" el equipo permitiendo que un dispositivo sea el que lo haga.

---

\* *A la escritura del libro, los Solucionadores de problemas no habían sido traducidos al castellano (N. del A.).*

- **Administración de energía de los dispositivos**. Windows 2000 puede poner a dispositivos individuales en estados de bajo consumo basados en el uso que las aplicaciones hacen, o no, de ellos.
- **Administración de energía del procesador**. Windows 2000 puede controlar el estado de energía del procesador de modo de regular el calor, el ruido y el consumo.
- **Eventos del sistema**. ACPI define los mecanismos para gestionar los eventos del sistema que tienen que ver con el aumento de la temperatura o del consumo, conexión, desconexión, inserción y extracción de dispositivos, etc.
- **Administración de baterías**. ACPI permite que el control del estado de las baterías de *notebooks* pase del BIOS al sistema operativo de modo de calcular, por ejemplo, el rango de alarma o la necesidad de mantener o bajar la energía según la aplicación corriendo.

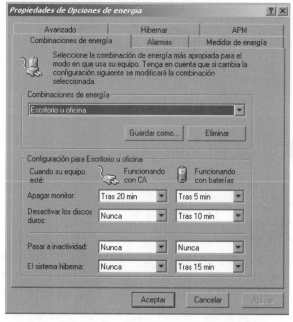

*Si su equipo es portátil, la hoja de Propiedades **Opciones de energía** le ofrecerá una configuración para el equipo conectado a la corriente y otra con batería.*

Las características de administración de energía se pueden configurar desde el ícono **Opciones de energía** del Panel de Control.

El primer índice se llama **Combinaciones de energía** y permite elegir o crear conjuntos de definiciones de energía que determinan cuánto tiempo debe pasar sin trabajo antes de que el sistema operativo suspenda la computadora. Mediante campos desplegables, se selecciona cuánto tiempo pasa para apagar el monitor, que el disco rígido deje de girar y que la máquina quede en *stand-by*.

En caso de máquinas portátiles, también es posible definir distintas configuraciones para el caso de trabajar con baterías o conectado a la corriente. Al finalizar, se oprime el botón **Guardar como** y almacenar la combinación de energía que acaba de crear con un nombre propio.

En el índice **Avanzado** puede seleccionar, entre otras cosas, si pone un ícono en la bandeja de la Barra de Tareas para tener un indicador del consumo de energía y si pide o no una contraseña al volver de suspensión o hibernación.

Precisamente, el índice **Hibernar** regula esta característica. En la hibernación, Windows almacena todo el contenido de la memoria en un archivo especial en disco, el que es invocado al volver a encender el equipo. De esa manera, la máquina vuelve al exacto estado previo al del cierre, conservando incluso las posiciones de las ventanas y las aplicaciones abiertas.

### ESPACIO EN EL DISCO NECESARIO

Para que la hibernación funcione se necesita un espacio en disco equivalente al de la RAM instalada.

En algunos casos es posible encontrar otros índices. **APM**, por ejemplo, corresponde a *Advanced Power Management* y aparece cuando el BIOS de la máquina es capaz de usar esa tecnología. **APM** permite suspender, es decir, poner en *stand-by* la computadora después de determinado tiempo sin trabajo.

### CONTROLADORES WDM

Para que los dispositivos puedan ser controlados por ACPI, es necesario que sus controladores sean del tipo **WDM** (*Windows Driver Model*) ya que, de lo contrario, es posible que no soporten algunas o todas las características.

# Perfiles de hardware

Un perfil de *hardware* almacena la configuración de un conjunto de dispositivos y servicios. Windows 2000 es capaz de almacenar diversos perfiles de *hardware* que cumplan con los requerimientos de diferentes usuarios y de distintas necesidades.

Una computadora portátil puede, por ejemplo, usar distintas configuraciones de *hardware* según si está acoplada o no a una estación; crear un perfil para cada uno de los estados y elegirlo durante el arranque.

Un mismo equipo puede usarse en forma individual (*standalone*) o en red y, en ese caso, guardar un perfil para cada circunstancia.

Durante la instalación, Windows crea un perfil predeterminado llamado **Perfil 1**, en base al *hardware* detectado y al instalado durante la etapa correspondiente del proceso.

Para crear o modificar un perfil de *hardware*, siga el procedimiento:

| Crear un perfil de hardware | PASO A PASO |
|---|---|

**1** Haga doble clic en el ícono **Sistema** del Panel de Control o clic con el botón derecho del *mouse* en el ícono **Mi PC** y seleccione **Propiedades** del menú contextual.

**2** En el índice **Hardware**, oprima el botón **Perfiles de hardware**.

**3** Seleccione el perfil predeterminado y oprima **Copiar**. En la caja de diálogo que aparece, acepte el nombre propuesto o ingrese otro. Oprima **Aceptar**.

**4** En el panel inferior, determine si Windows espera hasta que usted seleccione un perfil durante el arranque o cuánto tiempo tiene que pasar para que Windows arranque con el perfil predeterminado. Oprima **Aceptar**.

**5** Reinicie Windows y seleccione el perfil que acaba de crear. Abra el **Administrador de dispositivos** y elija uno de los dispositivos que va a desactivar para el perfil actual. Haga doble clic en él.

**6** En el índice **General** de la hoja de Propiedades del dispositivo, despliegue el campo **Uso del dispositivo** y seleccione **No utilizar este dispositivo (Deshabilitar)**. Oprima **Aceptar**.

**7** Repita el paso anterior para cada uno de los dispositivos que desee desactivar.

**8** Al finalizar la desactivación, reinicie Windows y vuelva a seleccionar el mismo perfil para asegurarse de que todo se configuró perfectamente.

*Esta hoja de Propiedades le permite crear, modificar y eliminar distintos perfiles de hardware que pueden contener diversas combinaciones de dispositivos activados y desactivados.*

CURIOSIDADES

## ARRANQUE PREDETERMINADO

Usted puede definir que Windows siempre arranque en el perfil predeterminado asignando 0 al campo contador **Seleccionar el primer perfil de la lista...** Siempre tiene la opción de acceder a los otros perfiles oprimiendo la tecla espaciadora durante el arranque.

Si tiene más de un perfil configurado, el primero de la lista será el considerado como predeterminado. Por lo tanto, si desea que otro lo sea, selecciónelo y oprima la flecha hacia arriba (a la derecha de la ventana) para ubicar el perfil elegido en la primera posición.

Si selecciona un perfil y oprime **Propiedades**, se abrirá una caja de diálogo que le ofrecerá información sobre conexiones a estaciones. Si Windows detecta que la computadora es portátil, el casillero **Éste es un equipo portátil** estará chequeado. Asimismo, si detecta que la *notebook* está acoplada a la estación, la opción correspondiente estará seleccionada.

HAY QUE SABERLO

## PARA TENER EN CUENTA

Si bien usted puede modificar el perfil predeterminado, le conviene siempre crear una copia y partir de ella, ya que si por alguna razón desactiva un dispositivo que Windows requiere para *bootear*, esa configuración impedirá que Windows arranque.

# Repaso

En este capítulo usted ha visto:

1. En qué consiste la Iniciativa OnNow y de qué tecnologías está compuesta. Qué es *Plug & Play*. El nuevo sistema de administración de energía.

2. Cómo se instala un dispositivo o periférico automática y manualmente. Cómo se configuran y reservan los recursos.

3. Qué es y para qué sirve el Administrador de dispositivos. Cómo son las hojas de Propiedades y qué información brindan.

4. Qué son y cómo se usan los solucionadores de problemas. Cómo se accede a ellos.

5. Qué son y para qué sirven los perfiles de *hardware*.

# DISCOS Y ARCHIVOS

**Donde se hace una introducción a la administración de discos y se habla de los sistemas de archivos que es capaz de manejar Windows 2000.**

**Capítulo** **5**

# El sistema de archivos de Windows 2000

Ya habíamos visto en el capítulo dedicado a la instalación, que Windows 2000 era capaz de soportar varios sistemas de archivos. Para esto, además de que técnicamente se agreguen, en un futuro, componentes que permitan más sistemas que los actuales, hay que manejar y administrar discos y particiones.

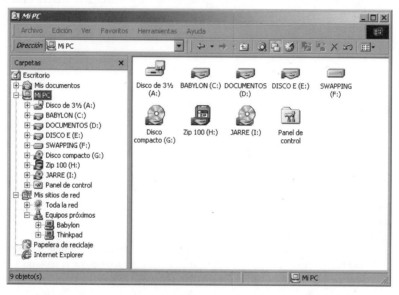

*Esta imagen es una muestra de la organización virtual del sistema de archivos de Windows 2000, incluyendo conexiones de red.*

Windows 2000 trae herramientas, en forma de complementos (*snap-ins*) de consola, que, entre otras cosas, permiten crear, modificar, eliminar y dar formato a las particiones, así como verificar errores de sistema de archivos y defragmentar la información.

De todo eso va a tratar este capítulo.

Aunque, como dijimos, Windows es capaz de soportar varios sistemas de archivos, el propio, el nativo de Windows 2000, es NTFS (*New Technology File System*).

Este sistema ya había aparecido en Windows NT, pero en 2000, en su versión NTFS 5, adquiere nuevas prestaciones. La administración mejorada de volúmenes permite a los administradores expandir y manejar volúmenes dinámicos sin *rebootear*. Las cuotas de disco mantienen a los archivos y carpetas de los usuarios dentro de límites de ocupación definidos. El **Sistema de Encriptación de archivos** (*Encrypting File System* – EFS) reduce las probabilidades de que usuarios no autorizados e intrusos tengan acceso a carpetas y archivos privados.

Otras prestaciones incluyen defragmentación nativa de discos NTFS (un reclamo largamente esperado por administradores y usuarios de sistemas NT) y **Seguimiento de vínculos distribuidos** (*Distributed Link Tracking*), que permite encontrar un archivos u objeto vinculado aun cuando éste se haya movido a otra ubicación.

# Administración de volúmenes

Los **volúmenes dinámicos** son un nuevo concepto introducido en Windows 2000.

DEFINICIONES

## VOLÚMENES DINÁMICOS

Se trata de espacios de almacenamiento que proveen la misma funcionalidad que las particiones pero que pueden ser configurados sin *rebootear* el sistema.

A diferencia de las particiones, no están limitados a cuatro por disco rígido. Los administradores crean, extienden y espejan volúmenes sin reiniciar el servidor, por lo que no es necesario interrumpir la tarea de éste mientras se está en la faena. Asimismo, la administración se puede hacer a través de la red, a diferencia de los que sucedía en versiones anteriores, en las que las tareas de administración de volúmenes requerían la presencia del administrador en el equipo local.

Las particiones creadas con Windows NT, 95, 98 y MS-DOS se consideran almacenamiento básico. Este soporte sólo se da por cuestiones de compatibilidad retrógrada. Los volúmenes básicos no pueden extenderse, espejarse o crearse en forma seccionada. Sin embargo, pueden convertirse en dinámicos en cualquier momento.

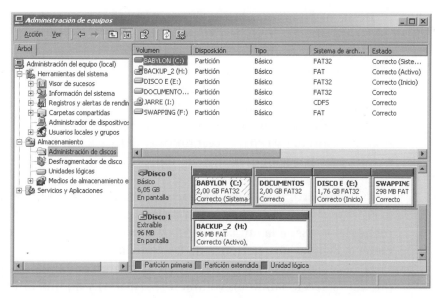

*Si tiene doble* booteo *con otro sistema operativo, no podrá convertir a volumen dinámico ya que el otro sistema operativo no será capaz de "ver" el volumen.*

La herramienta para gestionar el sistema de volúmenes de Windows es el Administrador de discos. A él se accede desde **Programas/Herramientas administrativas/Administración de equipos**, desplegando la rama **Almacenamiento**.

Si lo desea, puede crear una consola con las herramientas de disco (**Administrador** y **Desfragmentador**) como vimos en el Capítulo **Microsoft Management Console**. Asimismo, si en lugar de definir la máquina como local, ingresa el nombre de otra de las máquinas de la red, podrá administrarla desde la cual está trabajando.

---

HAY QUE SABERLO

## RECOMENDACIÓN

Windows 2000 seguirá soportando particiones y discos lógicos en volúmenes heredados, pero si la compatibilidad retrógrada no es un tema, se recomienda que los administradores los actualicen a volúmenes dinámicos.

---

Desde el Administrador de discos, puede:

- Agregar nuevos discos.
- Crear nuevos volúmenes.
- Marcar particiones como activas.
- Añadir, eliminar y extender volúmenes.
- Crear y eliminar volúmenes seccionados.
- Crear, eliminar y reparar conjuntos RAID 1 y RAID 5.
- Convertir particiones básicas en dinámicas y viceversa.

Para convertir un volumen básico en uno dinámico, una vez que está en el *snap-in* de Administración de discos, haga clic con el botón derecho del *mouse* en la unidad elegida y seleccione **Actualizar a Disco dinámico**. Siga las instrucciones de las pantallas.

Si no encuentra este comando en el menú contextual, es posible que esté seleccionando un volumen (partición) y no una unidad, que el volumen ya sea dinámico o que esté usando una computadora portátil, ya que en esta última no es posible crear este tipo de volúmenes.

Para que la actualización tenga éxito, todo disco a actualizar debe contener por lo menos 1 MB de espacio sin alocar. Administración de discos reserva automáticamente este espacio al crear particiones o volúmenes en un disco, pero los hechos con otros sistemas operativos pueden no tener este espacio.

Los volúmenes dinámicos no deben contener particiones o unidades lógicas. Además, no acceden a ser leídos por otros sistemas operativos tales como Windows 95/98 o MS-DOS, aun si están formateados con FAT.

Después de actualizar un volumen a dinámico, no se restauran las particiones a básico. Para hacerlo, debe borrar todos los volúmenes dinámicos del disco y usar el comando **Restaurar a Disco Básico**.

**HAY QUE SABERLO**

## DE HPFS A NTFS

Windows 2000 ya no soporta particiones o discos HPFS, usadas por compatibilidad con OS/2, por lo que antes de ser utilizadas, deben ser convertidas a NTFS **antes** de la instalación de Windows 2000 Server.

## Tipos de volúmenes

Aunque lo principal de la sección lo acabamos de explicar, veremos con un poco más de detalle el tema de las particiones primarias, extendidas y los distintos tipos de volúmenes (discos dinámicos), que es posible usar con Windows 2000.

Los discos **básicos** se pueden dividir en particiones primarias y extendidas. Las particiones funcionan como unidades físicas de almacenamiento separadas. Un disco básico puede tener hasta cuatro particiones primarias o hasta tres primarias y una extendida.

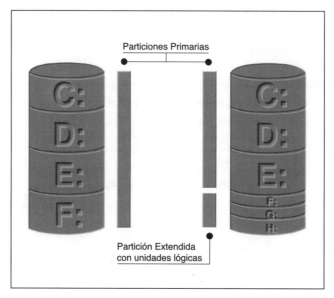

*Las particiones primarias pueden ser cuatro por disco, por eso las extendidas con discos lógicos amplían las posibilidades.*

Sólo una partición **primaria** puede marcarse como partición **activa** –partición activa es aquella en la que el *hardware* busca los archivos para *bootear* el sistema operativo– y Windows 2000 sólo puede usar particiones primarias para arrancar la computadora. Solamente una partición por disco puede declararse activa por vez. El sistema de archivos con que se formatea una partición depende del sistema operativo que se instalará en ella.

Las particiones **extendidas** se crean del espacio libre. Puede haber una sola por disco, por lo que es importante incluir **todo** el espacio libre de la unidad. Las particiones extendidas por sí solas no son operativas hasta que se las divide en segmentos, cada uno de los cuales recibe el nombre de unidad lógica. A cada unidad lógica se le asigna una letra y se le da el formato que corresponde.

Para Windows 2000, una **partición de sistema** es la partición activa que contiene los archivos específicos para cargar el sistema operativo. La **partición de inicio** (*Boot partition*) es la partición primaria o extendida que almacena los archivos del sistema operativo.

### PARTICIONES IGUALES

Es posible que ambas, partición de sistema y de inicio sean la misma. Pero si bien la de inicio puede ser cualquier unidad (física o lógica), la de sistema sólo puede ser la activa.

Al convertir discos básicos a volúmenes dinámicos, es decir, volúmenes de Windows 2000, es posible aumentar la seguridad del sistema. Una cualidad que sólo se encuentra en volúmenes dinámicos es la **tolerancia a errores** (*fault tolerance*), la habilidad del sistema operativo o del *hardware* para responder a eventos catastróficos sin pérdida de los datos.

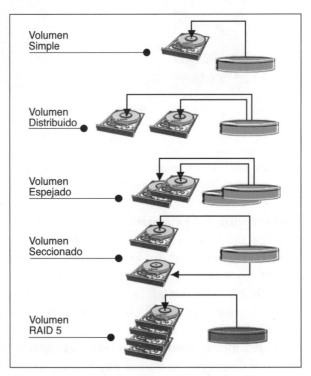

*Los distintos tipos de volúmenes sólo se pueden hacer si se convierte un disco básico en un volumen dinámico.*

Hay cinco tipos de volúmenes dinámicos. El volumen **simple** contiene espacio de un solo disco.

El volumen **distribuido** (*spanned*) incluye espacio de varios discos (hasta 32). En un volumen distribuido, los datos comienzan a escribirse en el primer disco hasta que el espacio se llena completamente, con lo cual empieza a escribirse el segundo y así sucesivamente.

HAY QUE SABERLO

### FALLOS

Un volumen distribuido no tiene tolerancia a errores, por lo que si un disco del volumen falla, falla todo el volumen.

El volumen **espejado** o **reflejado** (*mirrored*) consiste en dos copias idénticas de un volumen simple, cada una en un disco rígido separado. Los volúmenes reflejados ofrecen tolerancia a errores, ya que si se pierde un disco, la información sobrevive en su "espejo".

Un volumen **seccionado** (*striped*) combina áreas de espacio libre de múltiples discos –hasta 32– en un solo volumen lógico. La razón de mantener un volumen seccionado tiene que ver con la performance, ya que todos los datos se escriben en todos los discos a la misma tasa, pero si un disco falla, el volumen entero se cae.

Un volumen **RAID 5** (*Redundant array of independent disk*) es seccionado, pero con tolerancia a errores. Windows 2000 añade una banda de información de paridad en cada partición del volumen. Windows usa luego esa información de paridad para reconstruir los datos en caso de que un disco físico falle. Se necesita un mínimo de tres discos para crear un volumen RAID 5.

Windows 2000 Pro puede usar volúmenes distribuidos, espejados o seccionados con y sin paridad creados con Windows NT 4 pero no puede crearlos; tampoco puede extender un volumen *on line*, así que para hacer cambios en un disco básico, se deberá *rebootear*. Sin embargo, creando un *snap-in* capaz de manejar discos remotos, un administrador puede crear y administrar todo tipo de volúmenes desde Windows 2000 Pro.

Discos y archivos

5

## PARTICIONES PRIMARIAS VS. EXTENDIDAS

Los dispositivos de almacenamiento extraíble (vea más adelante) sólo pueden contener particiones primarias. No se pueden crear particiones extendidas, unidades lógicas o volúmenes dinámicos en unidades removibles. Tampoco marcar una partición primaria en un disco removible como activa.

# Cuotas de disco

Uno de los reclamos más insistentes provenientes de administradores acostumbrados a trabajar con Unix, es el de la necesidad de limitar el espacio que cada usuario puede utilizar. Así, Windows 2000 integra, como parte de su sistema de archivos NTSC, las cuotas de disco.

*Si formateó el disco en NTFS y le interesa limitar el espacio utilizado por otros usuarios, asigne cuotas de disco.*

Las cuotas de disco permiten a los administradores especificar el monto máximo de espacio en disco que un usuario consume. En otras palabras, cada usuario no puede utilizar más que el espacio asignado en un entorno compartido. Las cuotas de disco se asignan por grupos o de manera individual.

Esto implica que los administradores deben predecir, con mayor o menor nivel de precisión, cuánto espacio necesita un usuario para almacenar sus documentos y programas de trabajo. Por otra parte, en el caso de los ISP o administradores que usen servidores *web*, se asignan cientos de espacios en un solo servidor con bastante confiabilidad, limitados sólo por el tamaño del o de los disco utilizados.

Hay dos valores que se configuran:

- el **valor de la cuota**, es decir, cuánto espacio se asigna en determinado volumen,
- el **nivel de advertencia**, o sea, cuánto espacio debe tener ocupado para notificarle que sólo le queda una fracción.

Para asignar cuotas de disco, haga lo siguiente:

**Asignar cuotas de disco**        **PASO A PASO**

**1** Haga doble clic en **Mi PC** o abra el **Explorador** o una ventana de carpeta.

**2** Haga clic con el botón derecho del *mouse* en el ícono del volumen en el que va a establecer cuotas. Seleccione **Propiedades** del menú contextual.

**3** Haga clic en el índice **Cuota**.

**4** Chequee el casillero **Habilitar la administración de cuota**.

**5** Chequee el botón **Limitar espacio de disco a** y determine qué cantidad de espacio y qué unidades (KB, MB, GB, etc.) va a asignar al usuario.

**6** Establezca el nivel de advertencia de la misma manera.

**7** Defina si alcanzar el límite de cuota o el límite de advertencia genera un aviso en el Registro de sucesos chequeando el casillero correspondiente.

**8** Oprima **Aplicar** y luego **Aceptar**.

Discos y archivos 5

Sólo NTFS de Windows 2000 es capaz de soportar cuotas de disco. Si actualiza desde Windows NT 4, Windows 2000 actualizará automáticamente cualquier volumen en NTFS que exista con anterioridad.

Si no existe una solapa **Cuota** en la hoja de Propiedades de un volumen es porque no está formateado en NTFS o no está logueado como Administrador o como miembro del grupo de los Administradores o Usuarios avanzados. Si el usuario que está adjudicando no puede perder información por una eventual falta de espacio en disco, debería poder seguir almacenando aun cuando haya sobrepasado la cuota. En ese caso, debe dejar en blanco el casillero **Denegar espacio de disco a usuarios que excedan el límite de cuota**.

Si determina que cada vez que se alcance algún límite, se genere un Registro de suceso, éste aparecerá en el **Registro de sucesos del sistema** (*Event viewer*). De esa manera el Administrador puede decidir enviar una notificación al usuario.

El botón **Valores de cuota** da acceso a una caja de diálogo con la que se administran los usuarios y grupos que tienen espacios asignados en este volumen y en qué estado de consumo se encuentran. Se pueden agregar o quitar usuarios y cambiar los límites desde esta ventana.

Las cuotas se asignan por volumen. Eso significa que si un usuario almacena sus archivos en más de una carpeta o fuera de su directorio, aun así el espacio consumido por ellas cuenta contra el límite de la cuota. En este caso es la propiedad del archivo la que se usa para seguir el recorrido del archivo.

Para asignar y administrar cuotas remotamente, en lugar de acceder al volumen desde **Mi PC**, hágalo de la siguiente manera:

---

**Asignar y administrar cuotas remotamente**     PASO A PASO

**1** Abra la ventana **Mis Sitios de Red**.

**2** Despliegue **Toda la Red** o **Equipos próximos** hasta llegar al volumen que desea administrar.

**3** Haga clic con el botón derecho del *mouse* y seleccione **Propiedades** en el menú contextual.

**4** Luego continúe como si fuera un volumen local.

**HAY QUE SABERLO**

## LA COMPRESIÓN NO AFECTA LA ASIGNACIÓN DE CUOTAS

Si un usuario, por ejemplo, está limitado a 5 MB de espacio en disco, sólo puede almacenar 5 MB de archivos, independientemente de si están comprimidos o no.

# Encriptación y compresión de archivos

Windows 2000 añade capacidades de encriptación (cifrado) de archivos a NTFS. El **Sistema de Encriptación de archivos** (*Encrypting File System* – EFS) usa una combinación de varios métodos que incluyen el sistema de clave pública/privada y *Data Encryption Standard* (DES) para eliminar la posibilidad de que alguien saltee los permisos y acceda a los datos confidenciales que estén almacenados en su volumen.

Con EFS cada carpeta o archivo se encripta usando una clave pública generada aleatoriamente y la clave privada del usuario.

**HAY QUE SABERLO**

## CARPETAS ENCRIPTADAS

El hecho de que una carpeta o un archivo estén cifrados significa que éstos no serán visibles desde otro sistema operativo.

Más aun, utilizar una clave generada aleatoriamente reduce la posibilidad que se haga un ataque basado en criptoanálisis para descifrar el archivo; sólo el usuario con la clave privada puede descifrarlo.

Cuando un administrador encripta un directorio o una carpeta perteneciente a un usuario, se crea, además de la clave pública, una clave de recuperación que el administrador puede usar en casos especiales, como cuando un empleado se va de la compañía, por ejemplo.

**Discos y archivos** **5**

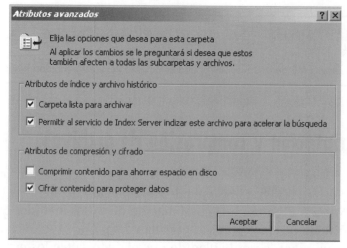

*Chequear el casillero correspondiente de esta caja de diálogo es todo lo que necesita para que sus archivos se encripten digitalmente.*

Para cifrar un archivo o una carpeta, haga lo siguiente:

---

**Encriptar un archivo**         **PASO A PASO**

---

**1** Haga  clic con el botón derecho del *mouse* en el ícono correspondiente, seleccione **Propiedades** del menú contextual y oprima **Opciones avanzadas** del índice **General** de la hoja de Propiedades.

**2** En la caja de diálogo que se abre, chequee el casillero **Cifrar contenido para proteger datos** y oprima **Aceptar**.

**3** Vuelva a oprimir **Aceptar** en la hoja de Propiedades; si está cifrando una carpeta, una caja de diálogo aparecerá para preguntarle si aplicará los cambios sólo a esta carpeta o también a las subcarpetas. Presione **Aceptar**.

Este proceso de cifrar/descifrar es totalmente transparente para el usuario logueado, es decir, la persona que encriptó el archivo no tiene necesidad de poner contraseñas o ingresarlas cada vez que se abre un archivo cifrado: éste queda a disposición desde el logueo mismo. En cambio, a cualquier otro usuario que ingrese en el mismo equipo o a través de la red, que intente abrir o copiar un archivo encriptado, le aparecerá un mensaje de error.

## UNA SALVEDAD

Cifrar un archivo sirve sólo para seguridad de la información almacenada. Los datos almacenados en archivos o carpetas remotas protegidas por EPS, **no viajan encriptados** por la red.

Un mecanismo parecido en cuanto a su implementación, pero con otro sentido y otra tecnología totalmente distinta es la **compresión**.

Se comprime un archivo o una carpeta para que ocupe menos espacio en el disco. Se comprime un disco o volumen para que éste almacene mayor cantidad de información.

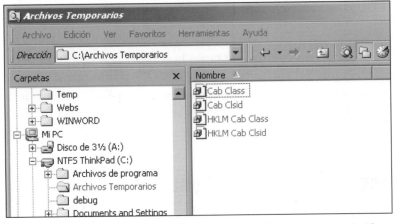

*El distinto color indica que esa carpeta y esos archivos están comprimidos para que ocupen menos espacio en el disco.*

El procedimiento para comprimir es semejante al de encriptar. En la hoja de Propiedades del archivo o carpeta, presione **Opciones avanzadas** y en la caja de diálogo que se abre chequee el casillero **Comprimir contenido para ahorrar espacio en disco**. Oprima **Aceptar** las veces que sean necesarias –si aparece la caja de diálogo que le pregunta por la carpeta y las subcarpetas, chequee el botón correspondiente– y la carpeta o sus archivos estarán comprimidos.

Para comprimir un disco, en su hoja de Propiedades chequee el casillero `Comprimir contenido` para ahorrar espacio en disco.

Los procesos de compresión y descompresión, así como el de cifrado y descifrado, son totalmente transparentes al usuario, hasta el punto de que una máquina con suficiente memoria no resiente su performance.

Como podrá apreciar rápidamente, los procesos de encriptación y de compresión son incompatibles entre sí, por lo que si elige comprimir una carpeta o archivo cifrado, éste se descifrará antes de comprimirse.

---

HAY QUE SABERLO

### IDENTIFICAR ARCHIVOS Y CARPETAS COMPRIMIDAS

Haga clic en **Opciones de carpeta** del menú **Herramientas** del Explorador o de una ventana de carpeta y vaya al índice **Ver**. Chequee el casillero **Mostrar con otro color las carpetas y archivos comprimidos**. Presione **Aplicar** y luego **Aceptar**. Los nombres de las carpetas y archivos comprimidos se verán en otro color distinto al predeterminado.

---

Tenga en cuenta que tanto la compresión como la encriptación son atributos del sistema de archivos NTFS, por lo que si su disco, partición o volumen están formateados en FAT o FAT 32, el botón **Opciones Avanzadas** de la hoja de Propiedades de carpetas y archivos no estará a la vista.

## Corregir errores y defragmentar

Los discos con FAT y FAT 32 están expuestos a errores del sistema de archivos tales como vínculos cruzados, mala asignación de espacio o daño en la tabla de asignación de archivos. Y la integridad de los datos puede verse afectada tanto en FAT como en NTFS, si hay errores físicos del disco, tales como sectores dañados.

Para mantener en buen estado el sistema de archivos, se deben verificar los discos de manera regular.

Para hacerlo, haga clic con el botón derecho del *mouse* en un ícono de unidad y seleccione **Propiedades** del menú contextual. En el índice **Herramientas** oprima el botón **Comprobar ahora**.

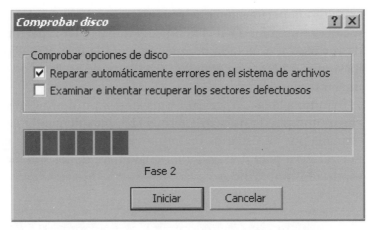

*Aunque brinda menos información, la versión gráfica de Chkdisk funciona adecuadamente y sirve para la mayor parte de los casos.*

Aunque la interfase es distinta, los que vienen de Windows 95/98 recordarán ScanDisk y lo que hacía. En cuanto oprima **Iniciar**, se hará una verificación del sistema de archivos; si hay algo para corregir, una caja de diálogo aparecerá para solicitarle autorización. Si chequea el casillero **Reparar automáticamente errores en el sistema de archivos**, las cajas de diálogo no aparecerán. Si chequea **Examinar e intentar recuperar los sectores defectuosos**, se llevará a cabo una verificación de la superficie física del disco y, en ese caso, de encontrar errores o sectores dañados, Windows procederá a repararlos automáticamente.

**HAY QUE SABERLO**

### CHKDSK

Windows 2000 no sólo conserva **Chkdsk** sino que éste está mejorado con respecto a Windows NT. Soporta unidades FAT 32, NTFS v. 5 y tiene mejor velocidad que antes. Haga clic en **Programas/Accesorios/Símbolo de sistema** del menú del botón **Inicio** para abrir una consola textual e ingrese **chkdisk** en el *prompt*. Si ejecuta **chkdsk** con el parámetro **/?** aparecerán todos los parámetros de línea de comandos que posee.

Los archivos se dividen frecuentemente en varias partes cuando se escriben en el disco. Los que tienen estas características se dice que están **fragmentados**. Es habitual que esto suceda, no constituye ningún daño a la información y no afecta la capacidad de acceder a ella. Sin embargo la performance se resiente si los datos no se encuentran en sectores contiguos. Con el tiempo, el impacto en la performance es cada vez mayor, a medida de que aumenta la fragmentación, lo que se hace muy evidente en aquellos servidores de archivos o servidores *web* muy transitados.

Windows 2000 ofrece en forma nativa un desfragmentador de archivos que puede trabajar sobre NTFS, otra demanda largamente reclamada por los usuarios y administradores. Más aun, la misma herramienta sirve para defragmentar cualquiera de los sistemas de archivo soportados por Windows.

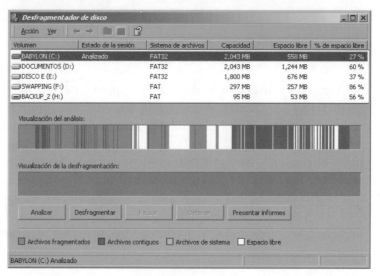

*Largamente reclamado, Windows 2000 viene ahora con un defragmentador nativo, pero sólo se lo puede iniciar manualmente.*

Haga clic con el botón derecho del *mouse* en el ícono de unidad o volumen. En el índice **Herramientas**, oprima el botón **Desfragmentar ahora**. Se abrirá el *snap-in* **Desfragmentador** con la unidad seleccionada lista para ser tratada. Oprima **Analizar**. Al finalizar el análisis, una caja de diálogo le dará la opción de ver un reporte detallado, oprimiendo el botón **Presentar informes**, comenzar la defragmentación o cerrarla.

Algo similar puede lograr haciendo clic con el botón derecho del mouse en el nombre de la unidad, en el panel superior. Luego puede suspender momentáneamente la defragmentación (**Pausar**) y reanudarla o detenerla.

### DIFERENCIAS CON EL DISKEEPER

El Defragmentador de Windows 2000 es el "hermano menor" de Diskeeper, de Executive Software. Es más limitado que éste, ya que no es capaz de defragmentar volúmenes o unidades remotas y el administrador sólo puede arrancar el accesorio manualmente, pero por lo menos puede defragmentar en *background* por lo que no es necesario interrumpir ningún servicio relacionado con ese volumen.

# Seguimiento de vínculos distribuidos

Todas las versiones anteriores de Windows (95, 98 y NT 4), es decir, aquellas que utilizaban accesos directos, debían enfrentar frecuentemente un problema: los **vínculos rotos**. Este trastorno aparecía cuando un archivo se movía de su lugar original a otra carpeta, a otra unidad o a otro equipo de la red. El acceso directo con la referencia era capaz de buscar el archivo en el disco local, pero si se trataba de buscar a través de la red a servidores o equipos remotos, la búsqueda fallaba.

Ahora los administradores pueden mover archivos entre volúmenes de un servidor, entre servidores, trasladar volúmenes enteros entre servidores, cambiar nombres y comparticiones sin que el usuario se encuentre desamparado, gracias al nuevo servicio de Windows 2000.

**Seguimiento de vínculos distribuidos** (DLT - *Distributed Link Tracking*) es un servicio que los administradores de dominios puede utilizar si prevén hacer movimientos regularmente.

Los archivos creados por Windows 2000 en volúmenes NTFS usan dos identificadores (ID) distintos para reconocer un archivo y su ubicación: la ubicación de nacimiento o creación (*birth location*) y la ubicación de revisión (*revised location*). Cuando el archivo se crea, los dos IDs indican el sistema y el volumen en los cuales el archivo ha sido creado. Si ese archivo posteriormente se mueve a otro volumen o, incluso, a otro sistema, sólo la ubicación de revisión cambia. La ubicación de nacimiento nunca cambia durante la vida de un archivo.

Si un usuario ejecuta un acceso directo y el archivo de destino no se encuentra donde el acceso directo originalmente referenciaba, el cliente de seguimiento de vínculos distribuidos local comenzará a buscarlo en el volumen local, en el resto de los volúmenes del sistema y

**Discos y archivos** **5**

luego lo hará en una lista maestra de IDs que reside en los controladores de dominio.

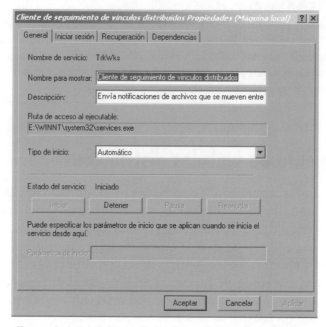

*Esta es la hoja de Propiedades de un Cliente de seguimiento de vínculos distribuidos, que permite activar o desactivar el servicio.*

Cuando se configura el **Servidor de seguimiento de vínculos distribuidos** en el controlador de dominio, es posible buscar, incluso, el archivo entre distintos servidores de un mismo dominio ya que se crea una base de datos que rastrea y mantiene la asociación entre las ubicaciones de nacimiento y revisión, que se replica por todo el dominio.

En la mayor parte de los casos, el archivo referenciado –a menos que haya sido eliminado– es encontrado y el acceso directo se actualiza.

# Otros servicios del sistema de archivos

## Carpetas compartidas

El servicio de **Carpetas compartidas** (*Shared folders*) permite crear y administrar rápidamente comparticiones (*shares*) en el sistema local y en máquinas remotas. Este utilitario es particularmente útil cuando se usa junto con el Sistema Distribuido de Archivos (vea el Capítulo 7, **Active Directory**) porque hace que los árboles sean creados y administrados muy fácilmente.

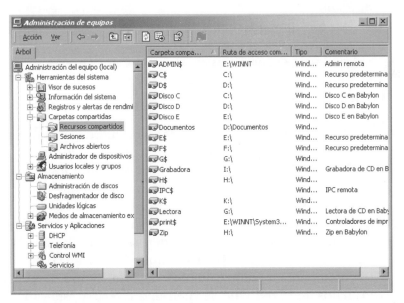

*Desde este* snap-in *el administrador puede encargarse de crear, eliminar y manejar comparticiones en la red.*

Los administradores están en condiciones de ver qué usuarios están conectados a qué comparticiones, de modificar los permisos asociados con ellas, y de ver qué archivos están siendo usados. También pueden enviarles un mensaje a los usuarios de un determinado recurso para avisarles, por ejemplo, que el recurso ha sido removido.

A este servicio se accede desde **Programas/Herramientas administrativas/Administración de equipos** del menú del botón **Inicio**, desplegando la rama **Herramientas del sistema**.

## Caché de documentos

Una característica nueva de Windows 2000, perteneciente al sistema conocido como IntelliMirror, es el almacenamiento de los documentos de la red en una caché (*client-side caching*) para ser usados fuera de línea. Es similar al Maletín de Windows 95/98/NT 4, pero en este caso extendido a toda la red. Un usuario de computadora portátil puede tener una copia local de los documentos de la red, trabajar con ellos como si estuviera conectado, modificarlos mientras no lo está, y resincronizar los contenidos cuando la conexión a la red vuelva a estar disponible.

Hay tres tipos diferentes de almacenamiento (*caching*):

- Manual de documentos
- Automático de documentos
- Automático de programas

El *caching* manual de documentos requiere que el usuario especifique qué archivos quiere que se almacenen localmente.

El automático, simplemente almacena todos los documentos que se acceden desde la red; el usuario no tienen que hacer nada.

El *caching* automático de programas se usa cuando hay aplicaciones de la red que almacenan un ejecutable en un servidor remoto; los usuarios desconectados pueden seguir utilizando la aplicación aun cuando la red no está disponible. Esta última opción se usa preferentemente en comparticiones de **Sólo lectura**. Los clientes bajan los datos de la red y no se vuelven a referir a ésta cada vez que los datos son accedidos.

Para definir los distintos tipos de *caching*, al crear una compartición (*share* – vea la sección anterior más arriba), haga clic con el botón derecho del *mouse* en ella y seleccione **Propiedades** del menú contextual. Oprima el botón **Almacenando en caché** del índice **General**. En la caja de diálogo que se abre puede elegir, del campo desplegable **Configuración/Alojamiento automático** o **Alojamiento manual de documentos** o **Alojamiento automático de programas**. Siempre debe chequear el casillero **Permitir almacenar en caché archivos en esta carpeta compartida**. El valor predeterminado es el casillero chequeado y seleccionado **Alojamiento manual de documentos**.

## VISUALIZACIÓN DE LAS CARPETAS FUERA DE LÍNEA

Las carpetas fuera de línea no son accesibles directamente. Si desea verlas en una ventana, haga clic en **Herramientas/Opciones de carpeta/Archivos sin conexión** y chequee el casillero **Colocar en el escritorio un acceso directo....** Asimismo, en esta misma caja de diálogo  puede configurar otras opciones.

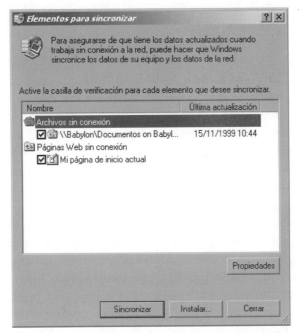

*La primera vez que se define una carpeta como disponible sin conexión, hay que sincronizar el contenido entre el almacenamiento de la red y el local.*

Para definir manualmente una carpeta o un archivo o grupo de archivos como candidatos al almacenamiento, haga  clic con el botón derecho del *mouse* en el ícono y seleccione **Hacerlo disponible sin conexión**. Luego de unos minutos, una copia local de los documentos de la red elegidos estará en su equipo, mientras una caja de diálogo le mostrará la marcha del proceso. A continuación, el proceso de sincronización es, en esencia transparente al usuario, pero puede ser configurado.

El **Administrador de sincronización**, al que se accede desde **Programas/Accesorios/Sincronizar** del menú del botón **Inicio**, permite determinar si la sincronización se hace al conectar o desconectar el equipo portátil o manualmente. Un ícono en la bandeja de la Barra de Tareas anunciará si se está trabajando fuera de línea.

HAY QUE SABERLO

## NO SE EQUIVOQUE

Las opciones de **Sincronización**, como la solapa **Archivos sin conexión** o el **Asistente de sincronización**, sólo aparecerán en los clientes, no en los servidores.

## Almacenamiento extraíble y remoto

Otra de las características nuevas de Windows 2000 es el soporte del **Almacenamiento Extraíble** (*Removable storage*), servicio que también se administra desde un *snap-in*. Éste ofrece soporte a cintas, cambiadores de discos compactos y todo tipo de cartucho removible. Almacenamiento extraíble etiqueta, cataloga y hace el seguimiento de todos los tipos de medios. Sirve también como interfase de los programas de *backup* que la red utilice.

Almacenamiento extraíble agrupa los medios en tres librerías. Los medios **en línea** son cualquier dispositivo que comprende uno o más *drives*, lectoras, cintas o cambiadores. El medio **autónomo** (*standalone*) soporta un medio por vez: el administrador tiene que cambiarlo manualmente, sea un CD, una cinta o un cartucho. La librería **fuera de línea** corresponde a todos los medios que no están accesibles circunstancial o temporariamente; si el administrador, por ejemplo, retira un cartucho o una cinta para enviarla a otro lado, Almacenamiento extraíble la ubica automáticamente como medio fuera de línea.

Este servicio, además, categoriza los diferentes tipos de medios en *pools* (grupos de medios). **No reconocido** es el grupo de medios nuevos, no utilizados antes, que pueden luego ser movidos a la categoría de **Libres**, que registra las pistas en blanco disponibles para su uso. El grupo **Importar** contiene medios aún no catalogados, por lo que, una vez hecho, pasarán a la categoría que corresponda. **Aplicaciones** es un grupo de medios en uso por programas de *backup* o de almacenamiento especializado, que llevan la cuenta de las pistas utilizadas.

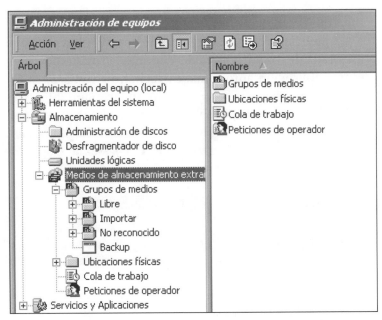

*Como todo otro servicio de Windows, Almacenamiento extraíble puede administrarse desde la consola **Administración de equipos**.*

Almacenamiento extraíble no sólo permite ser administrado remotamente sino que es posible, por ejemplo, establecer diversos niveles de permisos de modo que sólo ciertos operadores tengan acceso a determinado *hardware*, así como disponer prioridades para operaciones de *backup* o restauración, etc.

**Almacenamiento remoto**, también llamado **Administración jerárquica del almacenamiento** (*Hierarchical storage management* – HSM), trabaja en conjunto con Almacenamiento extraíble. Este servicio permite considerar a distintos tipos de medios como integrantes de un mismo sistema de archivos y administrar las carpetas y los archivos en base a su utilización.

Si un determinado archivo no es accedido, supongamos, en dos meses, HSM automáticamente lo mueve a una cinta de *backup* o un dispositivo semejante. Ante la alternativa de que ese archivo vuelva a ser requerido, HSM automáticamente lo coloca nuevamente en su lugar de origen en una operación totalmente transparente para el usuario.

## Backup

El programa de *backup* que viene con Windows 2000 es una versión mejorada de los anteriores de Windows. Provisto por Seagate Software es una aplicación autónoma, es decir, no es un *snap-in*.

**Backup** trabaja en conjunto con Almacenamiento extraíble para registrar los medios disponibles tanto para almacenar como para extraer la información de respaldo. Para acceder a Backup, haga clic en **Programas/Accesorios/Herramientas del sistema/Copia de seguridad**, del menú del botón **Inicio**.

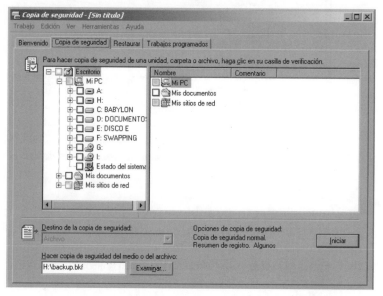

*Se puede utilizar directamente la interfase manual de Backup,*
*la que se ve en la imagen, o arrancar los Asistentes.*

Esta nueva versión de *backup* incluye Asistentes para copia de seguridad y para restauración y tiene, además de un mayor soporte para varios tipos de *hardware* (ZIPs, cintas, CDs regrabables, etc.), mejor relación con la red, por lo que es posible manejar *backups* remotos de la misma manera en que se administran los *backups* locales.

Adicionalmente se pueden hacer trabajos de copia de seguridad completa, incremental, diferencial o diaria en una programación determinada, gracias a la capacidad de agendar tareas a realizar.

Una nueva prestación, también de esta versión de Backup, es el **Disco de reparaciones de emergencia**. El Asistente que se abre para llevar a cabo este trabajo, ayuda al administrador a preparar el material que necesita para recuperar un equipo de un colapso total del sistema. Hace una copia de respaldo de los archivos de sistema, incluyendo información de reparación de emergencia, que comprende, entre otras cosas, un disco de arranque.

## Montaje de volúmenes

Los puntos de montaje de volúmenes (*Volume Mount Points*) permiten "injertar" un volumen entero dentro de un directorio. Como no necesitan letras de unidad, simplifican la administración del almacenamiento posibilitando a los administradores agregar unidades sin trastornar el espacio de nombres (*namespace*) y sin las limitaciones causadas por las letras de unidad.

**MÁS DATOS**

A MODO DE EJEMPLO

Un administrador puede ir añadiendo espacio de almacenamiento montando discos físicos adicionales a un punto de montaje de un volumen existente.

El montaje de volúmenes simplifica la tarea de los operadores al hacerlos acceder a una sola carpeta continuamente. Un escenario probable es el operador que almacena sus documentos en la carpeta **Mis documentos**. Al añadir un segundo disco rígido, éste se puede montar en esa carpeta sin necesidad de añadir una letra de unidad y sin que el usuario se preocupe del espacio añadido.

**MÁS DATOS**

OTRO EJEMPLO

El caso en el que las aplicaciones buscan los datos en una carpeta o en una compartición determinada. Al montar un segundo volumen a la carpeta primaria, la aplicación y sus usuarios pueden seguir trabajando como si la misma carpeta sólo hubiese aumentado su espacio.

En el *snap-in* **Administración de discos**, haga clic con el botón derecho del *mouse* en el volumen que desea montar y seleccione **Cambiar la letra y ruta de acceso de unidad**. En la caja de diálogo que se abre oprima el botón **Agregar** para añadir una letra de unidad o una ruta de acceso, que corresponde a un punto de montaje.

# Repaso

En este capítulo ha visto:

1. Cómo es el sistema de archivos de Windows 2000. Qué son los volúmenes básicos y dinámicos y qué características tiene cada uno. Qué tipos de volúmenes dinámicos existen.

2. Qué son las particiones, las unidades lógicas y físicas y los puntos de montaje. Tipos de almacenamiento local y remoto. Copias de seguridad.

3. Las nuevas características de NTFS 5: cuotas de disco, compresión y cifrado de discos, archivos y carpetas.

4. Herramientas de administración como defragmentador y verificador de errores. Otras características como el Seguimiento de vínculos distribuidos, carpetas compartidas y almacenamiento local de documentos de la red (Sincronización).

# CONFIGURACIÓN DE LA RED

**Donde se habla de la infraestructura de una red administrada por Windows 2000, qué componentes tiene y cómo se configura y mantiene.**

**Capítulo 6**

# Protocolos de red

Windows 2000, como Windows NT, fue diseñado desde el comienzo como un sistema operativo de redes. En el caso particular de 2000, además, y siguiendo la tendencia generalizada en el mundo, está enfocado a TCP/IP, es decir, a extraer de Internet la mayor cantidad de ventajas posibles.

Para decirlo de otra manera, a diferencia de Windows NT, cuyo protocolo de red primario era NetBEUI (*NetBIOS Enhanced User Interface*), el protocolo básico de Windows 2000 es TCP/IP que, al contrario de NetBEUI –una tecnología básicamente propietaria y que tenía los detalles bien ocultos–, está basado enteramente en estándares documentados y creados por un comité abierto. TCP/IP suele ser el protocolo elegido cuando hay que conectar entre sí equipos con múltiples sistemas operativos.

6 Configuración de la red

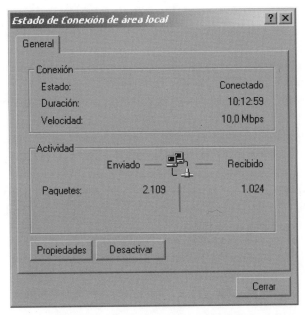

*Si hace doble clic en **Conexión de área local** de la ventana de la carpeta **Conexiones de red** y **acceso telefónico**, se va a abrir esta caja de diálogo para indicarle cómo marcha la conexión de red.*

Pero, es importante dejarlo aclarado desde el principio, Windows 2000 soporta todos los clientes, protocolos y servicios soportados en Windows NT 4, incluyendo clientes de Microsoft Network y NetWare, compartición de archivos e impresión para LAN Manager, NetWare y otras redes; también NetBeui, IPX/SPX y AppleTalk entre otros protocolos.

**HAY QUE SABERLO**

### NDIS

La especificación **NDIS** (*Network Driver Interface Specification*) describe cómo se comunican entre sí los protocolos de transporte y las plaquetas de red (también llamadas NIC: *Network Interface Card*). Windows 2000 soporta NDIS 5, la última versión de esta especificación, que incluye prestaciones avanzadas como soporte *Plug & Play* y ACPI, segmentación de mensajes TCP, ISDN, ATM, etc.

Pero vamos a centrarnos en el "corazón" del sistema de redes de Windows 2000, basado en TCP/IP. Si bien el núcleo de TCP/IP (*Transmission Control Protocol/Internet Protocol*) ha sido un estándar por muchos años, no todas sus implementaciones son iguales. Muchos aspectos se consideran opcionales y casi todos los desarrolladores utilizan sólo algunos de los existentes para añadir únicamente aquellas prestaciones que necesitan sus clientes.

Microsoft ha seguido el mismo procedimiento para agregar al núcleo TCP/IP de Windows 2000 opcionales estándares que no existían en versiones anteriores de Windows, así como nuevos desarrollos propios o en conjunto con otras empresas –L2TP (*Layer 2 Tunneling Protocol*), por ejemplo, ha sido desarrollado en conjunto con Ascend, Cisco, IBM y 3Com–, a fin de proveer mayor rendimiento y mejor seguridad.

En las próximas secciones veremos más en detalle todas estas nuevas implementaciones.

# TCP/IP en Windows

En rigor de verdad, TCP/IP no es un protocolo sino un conjunto de protocolos, normas y tecnologías que se basan en los mismos estándares. Esta *suite* de protocolos provee un conjunto de estándares que determinan cómo se interconectan las computadoras y las redes entre sí.

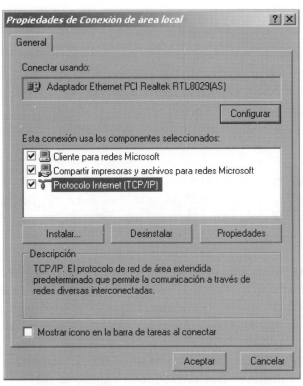

*El protocolo TCP/IP está en el corazón de la conectividad
de redes de Windows 2000.*

Instalar TCP/IP en un sistema operativo, en este caso Windows 2000, ofrece las siguientes ventajas:

- Un protocolo de reenvío (*routing*) soportado por casi todos los sistemas operativos.
- Una tecnología para conectar sistemas distintos. Usted puede usar muchos utilitarios de conectividad para acceder y transferir información entre sistemas disimilares.
- Un marco cliente/servidor escalable y robusto. TCP/IP soporta la interfase Winsock, la que permite desarrollar aplicaciones cliente-/servidor compatibles con Winsock.
- Un método para acceder a los recursos de Internet.

Configuración de la red   6

Tradicionalmente TCP/IP se compone de cuatro capas:

- **Capa de Interfase de red** (*Network Interface layer*). Especifica cómo los datos se envían físicamente a través de la red. En otras palabras, es la capa relacionada con el *hardware*, los dispositivos utilizados (plaqueta, cables, etc.) y el modo en el cual se transducen los datos para ser enviados por el cableado. Aquí entran las tecnologías de LAN y WAN como Ethernet, Token ring, Frame relay, ATM, etc.
- **Internet**. Este protocolo "empaqueta" los datos en **datagramas**, un envío que contiene un encabezado en el que figuran las direcciones IP del remitente y del destino y un "paquete" con los datos. El encabezado se usa para reenviar (rutear) los datagramas a través de las distintas máquinas que componen la red, abstrayéndose de las direcciones físicas del *hardware*. **IP** (*Internet Protocol*) es el protocolo que ofrece la entrega de todos los otros protocolos de la red sin tener en cuenta el tipo de conexiones establecidas. **ARP** (*Address Resolution Protocol*), a su vez, traduce las direcciones físicas en las que puede entender IP. ARP envía una petición conteniendo la dirección IP del destinatario; el sistema que contiene la IP del destinatario, responde enviando la dirección física y ARP es entonces el que se encarga de conectar las dos placas de red entre sí y de proveer corrección de errores. **ICMP** (*Internet Control Message Protocol*), por su parte, permite que dos equipos compartan información de estado y error que puede usarse para recobrar una transmisión interrumpida. **IGMP** (*Internet Group Management Protocol*) provee **multicasting**, es decir, transmisión de los datos a todos los miembros de una red particular.
- **Transporte**. Provee administración de la sesión de comunicaciones entre dos equipos. Define el nivel de servicio y el estado de la conexión en uso cuando se transmiten datos. En otras palabras, el método que se desea usar para enviar datos determina qué protocolo se utiliza. **TCP** (*Transmission Control Protocol*) provee comunicaciones dependientes de la conexión para aplicaciones que típicamente transfieren grandes cantidades de datos por vez. TCP garantiza el envío de los paquetes, asegura la secuencia apropiada de los datos y suministra capacidad de validación para los encabezados y datos de un paquete. **UDP** (*User Datagram Protocol*), por su parte, provee comunicaciones independientes de la conexión y no tiene los mecanismos para garantizar el envío de los paquetes.

UDP se usa típicamente para pequeñas cantidades de datos y correr por cuenta de la aplicación el asegurarlos.

- **Aplicaciones**. En esta capa las aplicaciones tienen acceso a la red. Define los protocolos TCP/IP de las aplicaciones y cómo los programas de host hacen interfase con los servicios de la capa de transporte para usar la red. Las interfases que utiliza TCP/IP en esta capa son dos. **WinSock** (*Windows Sockets*) sirve como interfase estándar entre las aplicaciones basadas en *socket* y los protocolos TCP/IP. **NetBT** (*NetBIOS over TCP/IP*) provee una interfase entre las aplicaciones y los servicios basados en NetBIOS y los protocolos TCP/IP.

El utilitario **ping** utiliza paquetes ICPM para determinar si una dirección IP en una red es funcional (vea más adelante los utilitarios TCP/IP). Windows 2000, al soportar *multicasting* a través de IGMP permite a los desarrolladores crear programas de transmisión múltiple e interactiva, como los que se pueden hacer con el servicio NetShow.

La mayor parte de las aplicaciones y servicios TCP/IP usa la capa de aplicaciones: Telnet, FTP (*File Transfer Protocol*), SNMP (*Simple Network Management Protocol*) y DNS (*Domain Name System*), entre otros.

## Configurar TCP/IP con una IP estática

En forma predeterminada, los equipos clientes que corren Windows 95, 98 y 2000 Pro obtienen la información de configuración TCP/IP automáticamente del servicio **DHCP** (*Dynamic Host Configuration Protocol*, vea más adelante). Aun así, algunas computadoras de la red deben tener direcciones estáticas. El ejemplo típico es, justamente, la computadora que hospeda el servicio DHCP. Asimismo, si este servicio no está instalado o disponible en la red, usted deberá asignar direcciones IP estáticas a cada equipo. Para cada adaptador de red instalado en la red, es posible configurar una dirección IP, una máscara de subred y una puerta de enlace predeterminada.

*Para configurar un servidor DHCP o de cualquier tipo que
ofrezca identificación a la red, las direcciones IP deben ser estáticas.*

Una **dirección IP** (*IP Address*) es una dirección de 32 bits que identifica a un *host* TCP/IP. Cada adaptador (plaqueta) de red en una computadora corriendo TCP/IP requiere una dirección IP única, en el formato 0.0.0.0, donde cada número va de 0 a 255. Cada dirección tiene
dos partes. Suponiendo que ésta sea 192.168.0.1, los primeros tres números son la **identificación de red** (*Network ID*), que identifica todos
los *hosts* en la misma red física; el cuarto es la **identificación del** *host*.
En este ejemplo, la identificación de red es 192.168.0 y el *host* es 1.

Una red compuesta por varias redes recibe sus direcciones IP de
una identificación de red original. Las subredes dividen una red grande en varias subredes físicas conectadas por *routers*. Una **máscara de subred** (*Subnet mask*) es un formato que permite aislar los valores de
identificación de la red de los de identificación del *host*. Dicho de otra
manera, la máscara bloquea parte de la dirección para que TCP/IP
distinga entre la identificación de la red y la del *host*. Así, cuando un
equipo trata de comunicarse con otro, la máscara determina si aquél
se encuentra en una red local o remota. Para comunicarse en una misma red, las computadoras deben tener la misma máscara de subred.

El equipo o el dispositivo intermediario de una red local que almacena los identificadores de red de otras redes de la empresa o de Internet se llama **Puerta de enlace** (*Gateway*). Para comunicarse con un *host* en otra red debe configurar una dirección IP para una puerta de enlace predeterminada. Si no hay otra ruta definida, TCP/IP envía los paquetes a la puerta predeterminada, la que los reenvía a otra puerta y así sucesivamente hasta que lo recibe la puerta conectada al destinatario.

Para configurar una dirección IP estática, el procedimiento es el siguiente:

**Configurar una dirección IP estática**      **PASO A PASO**

**1** Haga clic con el botón derecho del *mouse* en **Mis sitios de red** y seleccione **Propiedades** del menú contextual. En la ventana **Conexiones de red y de acceso telefónico** haga clic con el botón derecho del *mouse* en **Conexión de área local** y seleccione **Propiedades** del menú contextual.

**2** En la hoja de Propiedades de la Conexión, seleccione **Protocolo Internet (TCP/IP.** Asegúrese de que su casillero está chequeado, y oprima el botón **Propiedades**.

**3** En la hoja de Propiedades de Protocolo Internet, chequee el botón **Usar la siguiente dirección IP** e ingrese los valores en los campos **Dirección IP**, **Máscara de subred** y **Puerta de enlace predeterminada**.

**4** Oprima todos los botones **Aceptar** que necesite para cerrar las cajas de diálogo y cierre la ventana **Conexiones de red y de acceso telefónico**. Reinicie Windows.

Las comunicaciones pueden fallar si hay direcciones IP duplicadas en la red. Por eso el administrador debe ser el encargado de indicarle los valores que debe ingresar en los campos de las direcciones IP y de la máscara, es decir, debe darle direcciones IP válidas.

La dirección IP de la puerta de enlace predeterminada puede faltar, porque es opcional, si la red no necesita una.

**Configuración de la red**   **6**

UNA EXCEPCIÓN EN ADMINISTRADOR DE REDES
Un Administrador de red puede elegir cualquier dirección IP que desee para configurar direcciones estáticas para su red, siempre que conserven el formato 0.0.0.0. Sin embargo, la **IANA** (*Internet Assigned Numbers Authority*) reservó el rango 169.254.0.0-169.254.255.255 para redes privadas (vea más adelante Dirección IP Privada Automática).

## Configurar TCP/IP para obtener una IP dinámica

Si hay un servidor DHCP disponible en la red, éste puede asignar automáticamente la configuración IP a un cliente que se conecte. Usted puede configurar a sus clientes Windows 95, 98 y 2000 para que éstos obtengan una dirección IP automática del servidor DHCP.

Configurar el servidor DHCP (vea más adelante) y los clientes con direcciones dinámicas permite simplificar la administración y asegurar información de configuración correcta.

Recuerde que la computadora que provea el servicio DHCP debe ser configurada con direcciones IP estáticas.

| Obtener una dirección IP automáticamente | PASO A PASO |
|---|---|

**1** En la hoja de Propiedades de la Conexión, seleccione **Protocolo Internet (TCP/IP)**, asegúrese de que su casillero está chequeado, y oprima el botón **Propiedades**.

**2** En la hoja de Propiedades de Protocolo Internet, chequee el botón **Obtener una dirección IP automáticamente**.

**3** Oprima todos los botones **Aceptar** que necesite para cerrar las cajas de diálogo y cierre la ventana **Conexiones de red y de acceso telefónico**. Reinicie Windows.

Estas instrucciones son válidas para Windows 2000 Server y Pro. Otros sistemas operativos tienen sus propios procedimientos para configurar la obtención automática de direcciones IP.

## Direcciones IP privadas

Hay ocasiones en las que la conexión con el servidor DHCP no está disponible en el momento de encender un equipo. Para resolver la asignación de direcciones IP circunstancialmente, Windows 2000 tiene una prestación llamada **Asignación automática de direcciones IP privadas** (*Automatic Private IP Addressing*).

Este mecanismo de direccionamiento es una extensión de la asignación dinámica de direcciones IP y ofrece una alternativa a las direcciones IP estáticas y a la no disponibilidad de un servidor DHCP.

Cuando el equipo arranca, Windows intenta encontrar un servidor DHCP en la red conectada a fin de que le provea una dirección IP. Al no encontrar un servidor (está desconectado por mantenimiento o reparaciones o caído), el mecanismo automáticamente asigna una dirección con el valor 169.254.*x.y* (donde *x.y* son los identificadores del cliente) y una máscara de subred de 255.255.0.0.

Una vez generada la dirección IP, ésta se envía por la red y, si ninguna computadora responde, se autoasigna. El equipo seguirá utilizando esta dirección IP hasta que detecte y reciba información de un servidor DHCP.

En el caso de una subred en la que el servidor DHCP esté caído, Asignación de direcciones IP Privadas puede establecer una dirección incluso para otros clientes DHCP, pero como hay información que no pasa (como la puerta de enlace predeterminada, por ejemplo), sólo podrán comunicarse entre sí computadoras que compartan la misma subred y cuyas direcciones comiencen con 169.254.*x.y*.

POR SI NO LO SABÍA

Windows 98 también posee **Asignación automática de direcciones IP privadas**.

## Utilitarios TCP/IP

Windows 2000 viene con una batería de aplicaciones para testear y solucionar problemas con TCP/IP. Algunas, como FTP y Telnet sirven como aplicaciones de servicio, mientras que otras, como Nbtstat y Tracert, sólo chequean valores.

```
Símbolo del sistema                                          _ □ ×
Microsoft Windows 2000 [Versión 5.00.2128]
Microsoft(R) Windows(TM)
(C) Copyright 1985-1999 Microsoft Corp.

E:\>ping thinkpad

Haciendo ping a thinkpad [169.254.88.238] con 32 bytes de datos:

Respuesta desde 169.254.88.238: bytes=32 tiempo<10ms TTL=128
Respuesta desde 169.254.88.238: bytes=32 tiempo<10ms TTL=128
Respuesta desde 169.254.88.238: bytes=32 tiempo<10ms TTL=128
Respuesta desde 169.254.88.238: bytes=32 tiempo<10ms TTL=128

Estadísticas de ping para 169.254.88.238:
    Paquetes: enviados = 4, Recibidos = 4, perdidos = 0 (0% loss),
Tiempos aproximados de recorrido redondo en milisegundos:
    mínimo = 0ms, máximo = 0ms, promedio = 0ms

E:\>_
```

*Ping envía paquetes y los recibe y en ese trayecto verifica que la conexión se haya llevado a cabo satisfactoriamente.*

La siguiente tabla lista los utilitarios TCP/IP que vienen con Windows 2000, con una breve descripción de su función.

| | |
|---|---|
| **ARP** | Muestra y modifica las tablas que traducen las direcciones IP en direcciones físicas. |
| **Finger** | Muestra información acerca de un usuario en un sistema específico ejecutando el servicio Finger. |
| **FTP** | Aplicación que provee transferencia de archivos bidireccional entre la computadora local y otro sistema corriendo TCP/IP. |
| **Hostname** | Retorna el nombre de la computadora local. Se usa para autenticación por protocolos y aplicaciones remotas (RCP, RSH y REXEC). |
| **IPConfig** | Muestra la configuración TCP/IP actual. |
| **Nbtstat** | Muestra las estadísticas del protocolo y las conexiones actuales de TCP/IP usando NBT (NetBIOS sobre TCP/IP). |
| **Netstat** | Muestra estadísticas del protocolo y conexiones TCP/IP actuales. |
| **Ping** | Verifica configuraciones y testea conexiones. |
| **RCP** | Similar a FTP pero usando un protocolo (Remote Copy Protocol) que permite conectar a Windows con Unix. |
| **REXEC** | Ejecuta procesos en *host* remotos autenticando el nombre de usuario en antes de ejecutar el comando especificado (Remote execution). |
| **Route** | Muestra y modifica las tablas de enrutamiento de la red. |
| **RSH** | Ejecuta comandos en *host* remotos (Remote shell). |
| **Telnet** | Aplicación que provee emulación de terminal a un host TCP/IP corriendo Telnet. |
| **TFTP** | Similar a FTP pero usando otro protocolo (TFTP – Trivial File Transport Protocol). |
| **Tracert** | Verifica la ruta a un sistema remoto. |

Windows 2000 Server tiene la capacidad de funcionar como servidor y cliente de FTP y como cliente Telnet.

HAY QUE SABERLO

## APLICACIONES DE CONSOLA

Todas las aplicaciones de la tabla son de consola, es decir, que se ejecutan desde la línea de comandos. Si desea tener una referencia de ayuda, ejecute el comando con el parámetro /?. Ejemplo: `ping /?`

Configuración de la red

6

El siguiente paso luego de la instalación y configuración de los protocolos de red es testearlos. Para ello, se utilizan algunas de las herramientas que citamos en la tabla más arriba.

El utilitario **Ipconfig** se usa para verificar los parámetros de configuración de TCP/IP. Ayuda a determinar si la configuración se inicializó o si existe una dirección IP duplicada.

Utilice el comando `ipconfig /all` para mostrar información detallada. Si la configuración se ha inicializado correctamente, aparecerá la dirección IP, la máscara de subred y, si corresponde, la puerta de enlace predeterminada. Si hay una dirección IP duplicada, la máscara de subred se mostrará como 0.0.0.0. Si la computadora no pudo conectarse a la red, aparecerá la dirección IP provista por la Asignación automática de IP privada.

A continuación, para testear la conectividad, se utiliza **Ping**. En este caso Ping permite testear la configuración y diagnosticar fallas de conexión. También se usa para determinar si un *host* en particular está en línea y funciona. Para ejecutar el comando, ingrese `ping dirección_ip`, donde `dirección_ip` es el número de cuatro cifras que identifica a un equipo de la red. Si la conexión fue exitosa, Ping retorna cuatro veces `Respuesta desde dirección_ip` y el tiempo en milisegundos.

HAY QUE SABERLO

WINDOWS 2000

### DNS

Ping también se puede usar para verificar el funcionamiento de DNS. Si se ejecuta `ping nombre_ip` y retorna `Respuesta desde dirección_ip` en forma correcta, entonces el servicio DNS está operativo y funcional.

Finalmente, puede utilizar Ipconfig y Ping en conjunto para verificar la conectividad en todas sus variantes, mediante el siguiente procedimiento:

## Usar Ipconfig y Ping                           PASO A PASO

**❶** Ejecute `Ipconfig/all` para verificar que la configuración TC-P/IP se ha inicializado.

**❷** Ingrese `ping 127.0.0.1` (*loopback address*) para verificar que TCP/IP está correctamente instalado y enlazado a la plaqueta de red.

**❸** Ingrese `ping dirección_ip` donde la `dirección_ip` corresponde al equipo local desde el que se está operando. De esa manera se verifica que su computadora no sea un duplicado de otra de la red.

**❹** Ingrese `ping dirección_ip` donde la `dirección_ip` corresponde a la puerta de enlace. De esta manera se verifica que el equipo *gateway* es operacional y que su computadora puede conectarse con la red local.

**❺** Finalmente use Ping con la dirección IP de un servidor remoto para comprobar que su computadora puede comunicarse a través de un *router*.

**HAY QUE SABERLO**

### PARA TENER EN CUENTA

La dirección 127.0.0.1 es una dirección autorreferencial especial, reservada para hacer alusión a la dirección de la plaqueta de red instalada en el equipo. No confundir con la MAC (*Media Access Control*) que corresponde la dirección física asignada a la plaqueta de red.

Si el comando `Ping` sobre el servidor o el *host* remoto es exitoso, por defecto deberían ser exitosos el resto de los pasos anteriores. Sin embargo, si el comando no lo es, intente otra dirección antes de completar el proceso de diagnóstico y declarar una falla, ya que el equipo remoto puede estar caído, no operativo o fuera de línea.

Configuración de la red   6

Si desea verificar que la Asignación automática de direcciones IP privadas funciona, desactive el servicio DHCP en el servidor o, simplemente, desconecte el cable de la red del equipo que está usando.

```
Símbolo del sistema                                              _ | □ | X |

E:\>ipconfig -all

Configuración IP de Windows 2000

        Nombre del host . . . . . . . . : BABYLON
        Sufijo DNS principal . . . . . . . : JUNIN.COM
        Tipo de nodo. . . . . . . . . . . : Híbrido
        Enrutamiento de IP habilitado. . . . . . . . : No
        Proxy de WINS habilitado . . . . . . . . . : No
        DNS Suffix Search List. . . . . . : JUNIN.COM

Ethernet adaptador Conexión de área local:

        Connection-specific DNS Suffix  . :
        Descripción . . . . . . . . . . . : Adaptador Ethernet PCI Realtek RTL80
29(AS)
        Dirección física . . . . . . . . : 00-80-AD-30-15-86
        DHCP habilitado. . . . . . . . . : No
        Dirección IP . . . . . . . . . . : 169.254.0.1
        Máscara de subred . . . . . . . . : 255.255.0.0
        Puerta de enlace predeterminada . . . . . . . :
        Servidores DNS . . . . . . . . . : 168.254.0.1
        Servidor WINS principal . . . . . : 169.254.0.1

E:\>
```

*Ipconfig le ofrece no sólo la información de configuración del servidor y del cliente que lo ejecuta sino también la dirección física del adaptador de red.*

Luego ejecute **ipconfig/release** para liberar el adaptador de la última dirección IP utilizada y, a continuación, **ipconfig/renew** para renovarla. Luego de unos momentos, en los que la computadora tratará de localizar un servidor DHCP, aparecerá el mensaje de información, en el que se mostrará, en Configuración automática de dirección IP, una dirección en el rango 169.254.$x.y$ y una máscara de subred de 255.255.0.0.

Para reconectarse a DHCP, reactive el servicio o vuelva a conectar el cable. Ejecute nuevamente **ipconfig/release** e **ipconfig/renew** para retomar los valores de la red.

# El servicio DHCP

El servicio **DHCP** (*Dynamic Host Configuration Protocol*) de Windows 2000 centraliza y administra la asignación de información de TCP/IP a través de la asignación automática de direcciones IP a las computadoras configuradas como clientes DHCP.

Implementar el servicio DHCP puede eliminar muchos de los problemas asociados habitualmente con la configuración manual de TC-P/IP.

Cada vez que un cliente DHCP –como Windows 2000 Pro o Windows 98– arranca, solicita información a un servidor DHCP, el que le retorna los siguientes valores:

- Una dirección IP.
- Una máscara de subred.
- Valores opcionales como la dirección de una puerta de enlace predeterminada, de un servidor DNS (*Domain Name Server*) o WINS (*Windows Internet Name Service*).

Las ventajas de contar en la red con un servidor DHCP consisten en que los usuarios ya no necesitan recabar información del administrador para configurar TCP/IP. El Servidor les provee toda la información que los clientes necesitan de forma transparente al usuario. Además, la correcta información asegura una correcta configuración, con lo que se eliminan muchos de los problemas habitualmente difíciles de rastrear en una red. Tener servidores DHCP en cada subred elimina la necesidad de reconfigurar TCP/IP cada vez que una máquina cambia de localización o de subred.

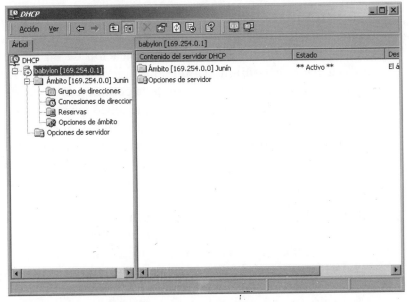

*Usted puede administrar el servidor DHCP desde Administración de equipos o, como en este caso, desde la consola particular del servicio.*

Configuración de la red 6

Para implementar DHCP en una red, hay que instalar el Servicio DHCP en un servidor autónomo o en un controlador de dominio y configurar todos los clientes para recibir una dirección IP automáticamente (vea **Configurar TCP/IP para obtener una IP dinámica**, en este capítulo). Eso significa, además, que el servicio DHCP no puede instalarse en Windows 2000 Pro.

## El proceso de concesión DHCP

Para entender el funcionamiento interno del Servicio DHCP, hay que entender cómo ocurren los distintos eventos, especialmente el proceso de concesión (*lease*). Éste sucede:

- Cuando TCP/IP se inicializa por primera vez en un cliente.
- Cuando un cliente solicita una IP específica y ésta es denegada, posiblemente porque el servidor DHCP dejó caer la concesión.
- Cuando un cliente liberó (*released*) una dirección IP y solicita una nueva.

Este proceso es de cuatro pasos, cada uno con un nombre determinado y consiste en lo siguiente:

**1- DHCPDISCOVER**. Para comenzar el proceso de concesión, el cliente inicializa una versión limitada de TCP/IP y transmite un mensaje DHCPDISCOVER solicitando la ubicación de un servidor DHCP e información de configuración IP. Este mensaje contiene la dirección del *hardware* del cliente y nombre de la computadora, para que el servidor DHCP pueda determinar quién le envió la solicitud.

**2- DHCPOFFER**. Todos los servidores DHCP que reciben la solicitud y contienen en su base de datos un cliente válido, transmiten un mensaje DHCPOFFER que incluye la siguiente información: la dirección de *hardware* del cliente, una dirección IP ofrecida, una máscara de subred, el plazo de concesión y la dirección IP del servidor DHCP que ofrece el servicio. El cliente elige la primera dirección IP que recibe y la retransmite al servidor de modo que éste la reserve para no ofrecérsela a otro cliente que requiera una dirección.

**3- DHCPREQUEST**. Este mensaje es enviado por el cliente a todos los otros servidores DHCP indicando que ha aceptado una oferta. Éste incluye la dirección del servidor cuya oferta ha sido aceptada. El resto de los servidores retienen para sí la dirección IP ofrecida, de modo de poder proporcionarla a otro cliente que la solicite.

**4- DHCPACK.** En este paso final, el servidor DHCP cuya oferta ha sido aceptada envía este mensaje DHCPACK como reconocimiento al cliente. Contiene un lapso de concesión válido y otra información de configuración.

Al finalizar todos estos pasos con éxito, TCP/IP fue completamente inicializado y se dice que el cliente fue "enlazado" (*bound*) a DHCP. A continuación, puede iniciar la conexión TCP/IP a través de la red.

Si DHCPREQUEST no fue exitoso, el servidor DHCP transmite un reconocimiento negativo en la forma de un mensaje DHCPNACK. Es posible que el cliente esté tratando de concesionar una dirección IP anterior, pero que ya no está disponible o que haya sido físicamente movido a otra subred.

En cualquier caso, recomienza todo el procedimiento hasta que la concesión se consuma o, en caso de no encontrar un servidor DHCP, empieza a funcionar la Asignación automática de direcciones IP privadas.

HAY QUE SABERLO

### UN CASO DIFERENTE

Si una computadora tiene más de una plaqueta de red instalada, el procedimiento de concesión ocurre separadamente para cada adaptador. El servidor DHCP asigna una dirección IP a cada plaqueta de una computadora enlazada a TCP/IP.

Todos los clientes DHCP tratan de renovar su concesión cuando hubo pasado el 50% el tiempo concedido. En ese caso, el cliente vuelve a enviar un mensaje DHCPREQUEST que, si es exitoso, renueva el tiempo de concesión. Cada vez que el cliente reinicia su tarea, trata de apropiarse de la misma IP del mismo servidor que ha utilizado la última vez que se conectó. Si la dirección no está disponible, pero todavía hay tiempo de concesión, el cliente continuará usando la misma IP. Si la concesión expira y no había podido ser renovada anteriormente, el cliente debe dejar de usar la IP asignada y recomenzar nuevamente el procedimiento de concesión.

Se puede usar Ipconfig para renovar una concesión manualmente, utilizando el parámetro **/renew**. El servidor enviará información actualizada y un nuevo lapso de concesión. En caso de que el servidor DHCP no esté disponible, el cliente seguirá usando la configuración actual.

Configuración de la red   6

Asimismo, si se va a mover el cliente a otra red y no será más necesaria la concesión actual, se puede usar `ipconfig /release` para liberar la concesión. Se envía entonces un mensaje DHCPRELEASE para que el servidor recupere la dirección y la concesión concedida al cliente.

Habitualmente los clientes no envían un mensaje DHCPRELEASE en el momento en que se cierran, de modo de tener la posibilidad de recuperar su IP previa en el momento de reiniciar. Por otra parte, si un cliente permanece apagado por el tiempo de validez de su concesión y ésta no es renovada, el servidor DHCP automáticamente recupera la IP para asignársela a otro cliente.

## Instalación y configuración del servicio DHCP

El primer paso para implementar DHCP es instalar el servicio, si éste no está ya en el sistema. Antes de hacerlo, se debe especificar una dirección IP estática (vea **Configurar TCP/IP con una IP estática**, en este capítulo) para el equipo que será el servidor.

Para instalar DHCP, hágalo de la siguiente manera:

| Instalar DHCP | PASO A PASO |
|---|---|

**1** Haga doble clic en el ícono **Agregar o quitar programas** del Panel de Control.

**2** Oprima el botón **Agregar o quitar componentes de Windows**.

**3** En el **Asistente para componentes de red**, seleccione **Servicios de red** y oprima el botón **Detalles**.

**4** Chequee el casillero **Protocolo de configuración dinámica de host (DHCP)**. Oprima **Aceptar**.

**5** Oprima **Siguiente** y aparecerá una caja de diálogo que le indica que se están configurando los componentes. En algún momento aparecerá una caja de diálogo para solicitarle que inserte un CD-ROM de instalación o indique la fuente de los archivos.

**6** Oprima **Finalizar** para dar por terminada la instalación del servicio. Oprima **Cerrar** para finalizar con **Agregar o quitar programas**.

Antes de que un servidor DHCP pueda concesionar una dirección a sus clientes, debe crear un ámbito. Un **ámbito** (*scope*) es un conjunto de direcciones IP válidas disponibles para concesionar. Por eso, después de instalar el servicio DHCP, el siguiente paso es crear un ámbito.

| Crear un ámbito | PASO A PASO |
|---|---|

**1** Haga clic en **Programas/Herramientas administrativas/DHCP** para arrancar el servicio. También puede encontrarlo en la consola **Administración de equipos**, desplegando la rama **Servicios y aplicaciones**.
Haga clic con el botón derecho del *mouse* en el nombre del servidor y seleccione **ámbito nuevo** del menú contextual.

**2** Oprima **Siguiente** para comenzar a trabajar con el **Asistente para crear un ámbito**.

**3** Ingrese un nombre y una descripción para el ámbito que va a crear. Oprima **Siguiente**.

**4** Ingrese las direcciones de comienzo y de fin del rango que va a concesionar. Puede definir la máscara de subred según los bits que se usan para las IDs o ingresando directamente las cifras. Oprima **Siguiente**.

**5** Si tiene exclusiones, es decir, si hay direcciones que quiere reservar para que no se concesionen, en esta caja de diálogo ingrese el o los rangos. Oprima **Siguiente**.

**6** Establezca la duración de las concesiones. Tiene hasta prácticamente 1.000 días para elegir. Oprima **Siguiente**.

Configuración de la red · 6

**7** Si no desea configurar las opciones DHCP, haga clic en **Configuraré estas opciones más tarde**. Presione **Siguiente**.

**8** Oprima **Finalizar** para terminar de crear el ámbito.

Puede agregar varios rangos de exclusión, es decir, puede definir múltiples direcciones no concesionables.

Según el tipo de red o de clientes conectados a ella, es conveniente definir el promedio de conexión. Tiempos más cortos son preferibles para clientes con computadoras portátiles, mientras que para redes estables, son deseables los tiempos más largos.

RÁPIDO Y FÁCIL

## DURACIÓN DE LA CONCESIÓN

Si desea que cierto ámbito tenga una duración de concesión sin límites:
1. Haga clic con el botón derecho del *mouse* en el nombre del ámbito.
2. Seleccione **Propiedades** del menú contextual y, en el índice **General**, en el panel **Duración de la concesión para clientes DHCP**, chequee el botón **Sin límite.**
3. Oprima **Aceptar**.

*Después de instalar DHCP, necesita configurar un ámbito en el que aparezcan las direcciones IP que el servidor puede entregar.*

En la creación de un ámbito, usted debe considerar algunos puntos:

- Debe crear por lo menos **un** ámbito para cada servidor DHCP.
- Debe excluir direcciones IP estáticas del ámbito.
- Usted puede crear múltiples ámbitos en un mismo servidor DHCP para asignar diferentes ámbitos a varias subredes y para centralizar la administración de la red desde un solo lugar. Sin embargo, no puede asignar **más de un ámbito** a una subred determinada.
- Los servidores DHCP no comparten información entre ellos. Por lo tanto, si crea ámbitos en múltiples servidores DHCP, asegúrese de que no existan direcciones IP iguales en distintos ámbitos, para prevenir la presencia de direcciones IP duplicadas.

En algunos casos, puede querer o necesitar reservar ciertas direcciones para determinadas máquinas puntuales, como algunas portátiles muy especiales o computadoras que brindan servicios específicos como *backups* o *routers*.

HAY QUE SABERLO

IMPORTANTE

Para averiguar la dirección física de un adaptador de red, abra una consola de comandos e ingrese `ipconfig /all`.

Para hacer una reserva, despliegue el ámbito, haga clic con el botón derecho del *mouse* en **Reservas** y seleccione **Reserva nueva**. En la caja de diálogo que se abre, ingrese el nombre de la reserva, la dirección IP que va a reservar para esa máquina en particular y la dirección física de su adaptador de red (MAC), escrita sin guiones (si la dirección física es, por ejemplo, 00-00-E8-65-EB-BF, debe ingresarla `0000E865EBBF`), una descripción opcional y chequee el botón de la opción que desee (BOOTP es un antecesor de DHCP que se usa para terminales sin disco). Oprima **Agregar** y luego, si no tiene más reservas que añadir, **Cerrar**.

## PARA TENER EN CUENTA

Si desea especificar una nueva máscara de subred o cambiar el rango de direcciones IP de un ámbito, debe eliminarlo primero y recrearlo con los nuevos valores después. Para que un ámbito se ponga en marcha, hay que activarlo, haciendo clic con el botón derecho del *mouse* en el nombre del ámbito y seleccionando **Activar** del menú contextual.

El paso final de instalar y configurar un servidor DHCP es determinar, si son necesarias, las opciones del servidor. Entre ellas están las direcciones del servidor DNS o WINS, del *router*, de la puerta de acceso predeterminada, el ámbito NetBIOS local, etc.

Si usted hace clic con el botón derecho del *mouse* en **Opciones de servidor** y selecciona **Configurar opciones**, en la caja de diálogo que se abre, puede definir todas las **Opciones globales** que serán comunes para todos los ámbitos y todos los clientes conectados a este servidor. Un ejemplo sería determinar un mismo servidor WINS para todos los clientes.

Si, en cambio, hace clic con el botón derecho del *mouse* en **Opciones de ámbito** y selecciona **Configurar opciones**, sólo podrá configurar las alternativas de un solo ámbito pero, en este caso, los valores tienen preferencia sobre las opciones globales. Ideal para definir un *gateway* específico para cada ámbito.

Finalmente, si hizo una reserva, haga clic con el botón derecho del *mouse* en ella y seleccione **Configurar opciones**. Podrá definir configuraciones específicas para ciertos clientes. Las **Opciones de cliente** tienen prioridad sobre las otras dos.

Para finalizar con la sección dedicada a DHCP, digamos que la información de ámbitos, reservas y opciones se almacena en una base de datos de la que se hace una copia de seguridad automáticamente cada 60 minutos. Si esa base de datos se daña, DHCP automáticamente recobra la base de datos del *backup*. Esta copia de seguridad se encuentra en la carpeta `\WINNT\system32\dhcp\backup\Jet\new`, donde `\WINNT\` es la carpeta de instalación de Windows 2000. Si desea recuperar manualmente la base de datos, copie el contenido de esa carpeta en `\WINNT\system32\dhcp\`.

## SUPERÁMBITO (SUPERSCOPE)

Si desea configurar varios ámbitos con una misma configuración, puede crear un **supe-rámbito** (*superscope*) haciendo clic con el botón derecho en el nombre del servidor y se-leccionando **Superámbito nuevo**. Se abrirá el Asistente que lo ayudará a crearlo.

# El servicio WINS

Hasta ahora hemos visto lo que se necesita para configurar un siste-ma compuesto exclusivamente por clientes y servidores Windows 2000. Pero cuando la red es un entorno de varios sistemas operativos o de versiones distintas –como Windows 2000 mezclado con Windows NT 4 y 98–, hacen falta otros servicios.

Windows NT 4 y 98, ya que los nombramos, usan nombres **NetBIOS** (*Network Basic Input/Output System*) para comunicarse entre sí. Por lo tanto, Windows 2000 necesita alguna forma de resolver los nombres NetBIOS en direcciones IP.

WINS, de alguna manera antecesor de DHCP, fue el servicio que se usó –se sigue usando– para solucionar este inconveniente.

## WINS (*Windows Internet Name Service*)

Es un servidor de nombres NetBIOS mejorado que registra los nombres NetBIOS y los resuelve en direcciones IP.

WINS provee también una base de datos dinámica que mantiene una suerte de mapeo de nombres de computadoras y sus IPs.

## WINS asigna nombres

Cada vez que un cliente WINS arranca, registra su nombre en un servidor WINS, el que recibe tanto el nombre NetBIOS como el mapeo IP. Luego el servidor completa el procedimiento de resolución asignan-do el nombre de la computadora. Un cliente WINS actualiza automáti-camente la base de datos WINS, cada vez que su información de direc-ción IP cambia, como sería el caso de un equipo que se mueve de una subred a otra y a quien DHCP asigna una nueva dirección IP.

*Configuración de la red* **6**

Cuando un cliente WINS ejecuta un comando NetBIOS para comunicarse con un recurso de la red, envía la solicitud de información directamente al servidor WINS, en lugar de transmitir la solicitud a la red local. Si el servidor encuentra un par nombre NetBIOS/dirección IP (par NetBIOS/IP), retorna el valor solicitado al cliente.

Cada cliente WINS se configura con la dirección IP de un servidor WINS primario y, opcionalmente, con uno secundario. Cuando arranca, envía una solicitud de registración del nombre al servidor. Si ese nombre no ha sido previamente registrado, el servidor envía un mensaje de aceptación al cliente y registra el par NetBIOS/IP en su base de datos. Este mensaje contiene, además, el lapso en el que el nombre NetBIOS se registra con el cliente, llamado *Time to live* (TTL).

Si un nombre figura previamente en la base de datos del servidor WINS, éste envía una solicitud al propietario del nombre. Si éste responde, el servidor envía un mensaje de no aceptación al cliente que solicitó el registro. De lo contrario, si el propietario no responde, el servidor asigna el nombre al nuevo cliente.

Si el cliente se cierra como corresponde, antes de apagarse envía al servidor una solicitud de liberación (*release*) del nombre, el que es entonces removido de la base de datos.

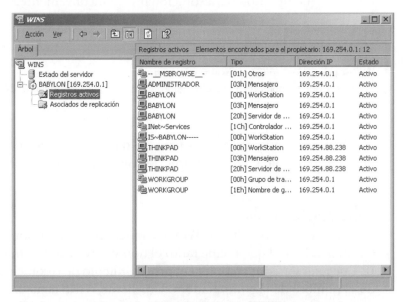

*Desde esta consola usted configura el servicio WINS para que ofrezca una opción dinámica de configuración de nombres NetBIOS.*

Tal como pasa con las direcciones IP asignadas por DHCP, el TTL determina el lapso de concesión de un nombre NetBIOS. Cada tanto tiempo, el cliente envía una solicitud de renovación al servidor primario, la que generalmente es aceptada cuando los datos en la base de datos concuerdan. Si el servidor primario no responde, la envía al secundario. Si ésta tampoco responde, el cliente inicia una transmisión a toda la red. Lo mismo sucede cuando un cliente inicia y quiere registrarse. Si no logra conectarse con los servidores trata de registrarse en el resto de la red.

## Implementar WINS

Para implementar WINS usted tiene que instalar y configurar el servicio WINS en Windows 2000 Server y configurar opciones en los clientes WINS. Adicionalmente, veremos en esta sección qué se hace con clientes que no soportan WINS y cómo se configura un servidor que corre el servicio WINS sobre DHCP.

Para instalar el servicio WINS, proceda de la siguiente manera:

| Instalar WINS | PASO A PASO |
|---|---|

**❶** Haga doble clic en el ícono **Agregar o quitar programas** del Panel de Control.

**❷** Oprima el botón **Agregar o quitar componentes de Windows**.

**❸** En el **Asistente para componentes de red**, seleccione **Servicios de red** y oprima el botón **Detalles**.

**❹** Chequee el casillero **Servicio WINS**. Oprima **Aceptar**.

**❺** Oprima **Siguiente** y aparecerá una caja de diálogo que le indica que se están configurando los componentes. En algún momento aparecerá una caja de diálogo para solicitarle que inserte un CD-ROM de instalación o indique la fuente de los archivos.

**❻** Oprima **Finalizar** para dar por terminada la instalación del servicio. Presione **Cerrar** para finalizar con **Agregar o quitar programas**.

Configuración de la red

6

Luego de la instalación de WINS, se debe modificar la configuración TCP/IP del servidor de modo que éste apunte a sí mismo.

| Apuntar TCP/IP a sí mismo | PASO A PASO |
|---|---|

**①** Haga clic con el botón derecho del *mouse* en **Mis sitios de red**.

**②** Seleccione **Propiedades** del menú contextual.

**③** Vuelva a hacer clic con el botón derecho del *mouse* en el **ícono Conexión de área local** y seleccione **Propiedades** del menú contextual.

**④** Oprima el botón **Propiedades**. Seleccione **Protocolo Internet (TCP/IP)** y oprima **Propiedades**.

**⑤** Pulse **Avanzado** y vaya al índice **WINS**.

**⑥** Si no figura la dirección IP del servidor, presione **Agregar** e ingrese la IP del servidor WINS primario. Opcionalmente, repita el procedimiento para el servidor secundario.

**⑦** Oprima **Aceptar** tres veces y cierre la caja de diálogo **Estado de conexión local** para finalizar el procedimiento.

HAY QUE SABERLO

PARA TENER EN CUENTA

La configuración predeterminada de Windows 2000 Pro establece a éste como cliente DHCP. Si por alguna razón se desea usarlo como cliente WINS, utilice el mismo procedimiento para apuntarse a sí mismo, pero apuntando a la IP del servidor.

Ahora usted puede iniciar el *snap-in* que configura WINS desde **Programas/Herramientas administrativas** del menú del botón **Inicio**.

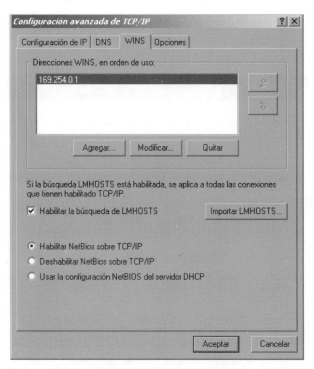

*Apuntar WINS a sí mismo es la forma de configurar TCP/IP
para implementar WINS.*

Mediante el mismo servidor WINS, se provee soporte a clientes no-WINS mediante asignación estática.

En una red que incluye clientes que no son WINS, se configura la asignación de pares NetBIOS/IP estáticos (*static mapping*) para cada cliente no-WINS, de modo de que los clientes WINS puedan resolver con éxito los nombres NetBIOS de aquellos clientes.

Configuración de la red 6

Para configurar una asignación estática para clientes no-WINS, haga lo siguiente:

| Crear una asignación estática | PASO A PASO |
| --- | --- |

**❶** Haga clic en **Programas/Herramientas administrativas/WINS**, del menú del botón **Inicio**.

**❷** Despliegue el nombre del servidor y haga clic con el botón derecho del *mouse* en **Registros activos**.

**❸** Seleccione **Asignación estática nueva**. En la caja de diálogo que se abre, ingrese el nombre de la computadora que no es cliente WINS.

**❹** Despliegue el campo tipo para definir su va a asignar un nombre único a una sola computadora, a un grupo, a un dominio, etc.

**❺** En **Dirección IP** ingrese la dirección del cliente.

**❻** Oprima **Aceptar** para crear una asignación estática nueva.

Un **ámbito NetBIOS** es una extensión opcional a un nombre de computadora que puede usarse para agrupar computadoras en una red.

Cuando se elige **Grupo**, las direcciones IP de las computadoras miembros no se almacenan en la base de datos WINS, por lo que el número de ellas es ilimitado.

En cambio, tanto para un **Nombre de dominio** como para un **Grupo Internet**, el máximo es de 25 direcciones.

Utilice **Host múltiple** en el caso de que el cliente sea una computadora con varios adaptadores de red. En este caso, se trata de un único nombre que puede tener más de una dirección, también con un máximo de 25.

**HAY QUE SABERLO**

## NO SE EQUIVOQUE

Desde el momento en el que se oprime `Aceptar` para concluir con el procedimiento de asignar una dirección estática, ésta pasa a formar parte de la lista de Registros activos. Si cometió algún error o la configuración del cliente ha cambiado, deberá borrar la asignación y crear una nueva.

Si una computadora es un cliente DHCP, usted puede configurar soporte de WINS usando el *snap-in* que administra el servicio DHCP.

Haga clic con el botón derecho del *mouse* en **Opciones de ámbito** y seleccione **Configurar opciones** en el menú contextual. Desplace la ventana hasta encontrar y chequear **044 Servidores WINS/NBNS** e ingrese las direcciones IP del servidor WINS primario y secundario.

# El servicio DNS

DEFINICIONES

### DNS (*Domain Name System*)

Es una base de datos distribuida que se usa en las redes TCP/IP para traducir los nombres de las computadoras en direcciones IP.

Aunque está más comúnmente asociado a Internet, este servicio le permite a las redes privadas empresarias resolver los nombres de las computadoras y localizarlas más fácilmente en las redes locales y en la propia Internet.

Algunos de los beneficios de usar DNS son:

- Los nombres DNS son más explicativos y, por lo tanto, más fáciles de recordar que las direcciones IP.
- Son también más constantes que las direcciones IP, ya que éstas pueden cambiar, mientras el servidor permanece constante.
- Permite a los usuarios conectarse con servidores locales usando las mismas convenciones que Internet.

DNS usa el **espacio de nombres de dominio** (*domain name space*) como esquema para crear la estructura jerárquica de la base de datos de nombres. Cada nodo representa una partición de la base de datos y se llama dominio.

La base de datos DNS se indexa por nombre, por lo tanto, cada dominio debe tener uno. A medida que se agregan dominios a la jerarquía, el nombre del dominio **progenitor** (*parent*) se anexa al del dominio **hijo** (*child*), también llamado **subdominio**. Por lo tanto, cada nombre DNS identifica su posición en la jerarquía.

## Estructura jerárquica de los nombres

Tomemos un nombre de ejemplo para seguirlo durante toda la explicación. El nombre libros.mponline.com.ar identifica al dominio libros como subdominio de mponline.com.ar y al dominio mponline, como subdominio de com.ar.

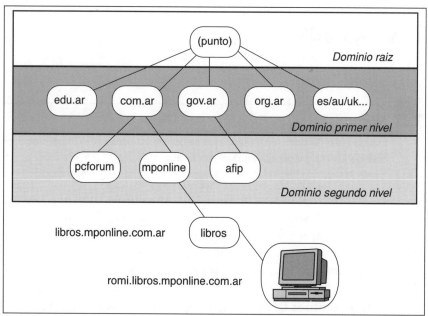

*La estructura jerárquica de los nombres de dominio permite identificaciones más concretas de los distintos departamentos y computadoras de la red.*

Dentro de la estructura jerárquica de los dominios –que en este contexto no deben entenderse como los dominios del sistema de archivos de Windows 2000– se encuentra el **dominio raíz** (*root domain*), los dominios del **más alto nivel** (*top-level domains*), los de **segundo nivel** (*second-level domains*) y los **anfitriones** o **servidores** (*hosts*).

El nivel raíz se representa por un punto. El nivel más alto, por un código que representa la actividad y/o la localización geográfica. Así, gov representa a organizaciones gubernamentales y edu.ar, a organizaciones educativas argentinas.

Los nombres de segundo nivel son administrados por instituciones como Network Solutions o InterNIC y se identifican por un dominio *top-level* y un nombre único de segundo nivel. Tal es el caso de mponline.com.ar, por ejemplo, donde mponline representa a MP Ediciones y com.ar, a organizaciones comerciales argentinas.

Finalmente, los nombres de *host* identifican a computadoras específicas en una red privada o en Internet. Siguiendo con el ejemplo, server.mponline.com.ar es la computadora **Server** que pertenece a la empresa MP Ediciones, que es una organización comercial argentina.

Un nombre DNS válido, incluyendo el punto al final, que representa al dominio raíz, recibe el nombre de **Nombre de Dominio Totalmente Calificado** (**FQDN** – *Fully qualified domain name*) y es el nombre del host usado por DNS para resolver el resto de los nombres de la red en direcciones IP.

**HAY QUE SABERLO**

### LIMITACIONES

Los nombres de dominio no pueden superar los 63 caracteres. Un FQDN no puede exceder los 255. Las diferencias mayúsculas/minúsculas no están soportadas. Los caracteres aceptados por Windows 2000 son los estándar, (A-Z, a-z, 0-9 y el guión) y los Unicode, pero estos últimos sólo se pueden usar si todas las máquinas de una red los soportan.

Las **zonas** representan una porción de un espacio de nombres de dominio, proveyendo una manera de dividir el espacio en fracciones más manejables. Múltiples zonas permiten distribuir tareas administrativas a diferentes grupos. Las zonas deben estar en espacios contiguos pero no duplicar niveles. Si seguimos con el ejemplo de párrafos atrás, tenemos dos subdominios dentro de un mismo dominio: libros.mponline.com.ar y pcusers.mponline.com.ar. Aunque lo parezca, no son contiguos. Contiguos son libros y pcusers, por lo tanto, una zona podría contener a mponline.com.ar y libros y la otra a pcusers.

Configuración de la red
6

## Resolución de nombres

La asignación "nombre-a-IP" de una zona se almacena en una base de datos que pertenece a ella. Cada zona está "anclada" a un dominio específico, el que se lo conoce como **dominio raíz de la zona**. La base de datos de la zona 1 tiene la información de mponline.com.ar y de libros, mientras que la base de datos de la zona 2, sólo tiene la de pcusers, ya que este nombre es el considerado dominio raíz de la zona, aun cuando, en realidad, pcusers sea un subdominio de mponline.com.ar, tal como lo es libros.

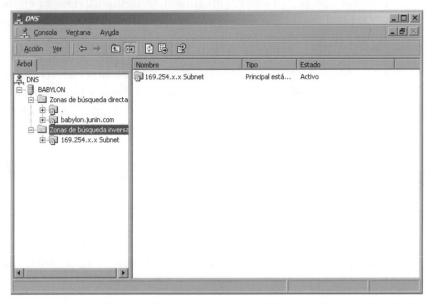

*La resolución de nombres, es decir, la traducción de direcciones IP a nombres de dominio se configura desde este* snap-in.

El servidor de nombres DNS almacena las bases de datos de una o más zonas. Debe haber por lo menos un servidor que almacene la base de datos maestra de una zona –otros servidores pueden servir como *backup* o servidores redundantes–, la que recibe el nombre de base de datos primaria de la zona.

El proceso de convertir nombres en direcciones IP se llama **resolución de nombres**. Éste puede realizarse en forma bidireccional (de nombre a IP y de IP a nombre) ya que la base de datos del servidor de nombres DNS funciona como una guía telefónica de doble entrada en la que es posible asociar un nombre con un número telefónico y viceversa.

Cuando un servidor recibe una solicitud de nombre o de IP, puede pasarla al servidor local o reenviarla a otros servidores de la red para su resolución. El servidor local o remoto chequean el nombre contra la dirección IP enviada (o la dirección IP contra el nombre) y van subiendo en la jerarquía –el servidor que maneja el dominio de segundo nivel envía la solicitud al de primer nivel–. A medida de que el mapeo se va resolviendo, la respuesta va a retornando por los distintos niveles, hasta volver a su origen en el que el cliente puede entonces acceder al servidor, cliente o dirección que solicitó a través del servidor DNS.

## Instalar y configurar DNS

Antes de instalar DNS es necesario preparar la computadora para utilizar el servidor DNS. Para eso, hay que asignar una IP estática, tal como vimos que se hace en **Configurar TCP/IP con una IP estática** en este capítulo. También hay que configurar una dirección IP adecuada al servidor DNS y al nombre de dominio.

Para asignar el nombre de dominio a su equipo, haga lo siguiente:

| Asignar un nombre de dominio | PASO A PASO |
|---|---|

Haga clic con el botón derecho del *mouse* en **Mi PC** y seleccione **Propiedades** del menú contextual.

**1** En el índice **Identificación de la red**, oprima **Propiedades**.

**2** En la caja de diálogo **Cambios de identificación** oprima **Más**.

**3** En el campo de texto **Sufijo principal**, ingrese el nombre de dominio de su empresa, compañía, institución, etc. (algo como `mponline.com`)

**4** Oprima **Aceptar** dos veces y una caja de diálogo aparecerá para solicitarle permiso para reiniciar el equipo. Acepte para *rebootear* la máquina.

**6**

Configuración de la red

Recordemos que esto es independiente de si la máquina está unida a un dominio o a un grupo de trabajo. Los dominios a los que nos referimos en DNS no son los dominios de organización de una red, aunque eventualmente, por razones administrativas, puedan coincidir.

A continuación, instale el servicio DNS con el mismo procedimiento que ha seguido hasta ahora:

| Instalar el servicio DNS | PASO A PASO |
|---|---|

**①** Haga doble clic en el ícono **Agregar o quitar programas** del Panel de Control. Oprima el botón **Agregar o quitar componentes de Windows**.

**②** En el **Asistente para componentes de red**, seleccione **Servicios de red** y oprima el botón **Detalles**.

**③** Chequee el casillero **Sistema de nombres de dominio (DNS)**. Oprima **Aceptar**.

**④** Oprima **Siguiente** y aparecerá una caja de diálogo que le indica que se están configurando los componentes. En algún momento aparecerá una caja de diálogo para solicitarle que inserte un CD-ROM de instalación o indique la fuente de los archivos.

**⑤** Oprima **Finalizar** para dar por terminada la instalación del servicio. Oprima **Cerrar** para finalizar con **Agregar o quitar programas**.

Para iniciar el servicio DNS, haga clic en **Programas/Herramientas administrativas/DNS**. La primera vez, tendrá que configurar el nombre del servidor raíz y las zonas de búsqueda directa e inversa.

El servidor raíz almacena la información de ubicación de los servidores de nombres con autoridad sobre los dominios de más alto nivel del espacio de nombres de dominio. Estos servidores, a su vez, proveen la lista de servidores con autoridad sobre el segundo nivel.

No se recomienda configurar su equipo como un servidor raíz si éste se comunica directamente con Internet. Si no lo hace o si se comunica a través de un *proxy*, el que se encargaría de hacer las traducciones y conexiones necesarias, no hay problema.

## PARA TENER EN CUENTA

Como dijimos al comienzo, la base de datos DNS se indexa por nombres. Eso significa que cuando se busca por nombre, la base de datos es suficiente. Sin embargo, para acceder a la base por dirección IP se necesita un componente adicional. En este caso se trata de un archivo especial que recibe el nombre de `inn-adr.arpa` y que es una suerte de índice inverso por dirección.

Así, luego de configurar el servidor raíz, corresponde crear las **zonas de búsqueda directa** (*forward lookup zone*) y de **búsqueda inversa** (*reverse lookup zone*). Esta última es opcional.

### Configurar el servidor DNS — PASO A PASO

**1** Haga clic en **Programas/Herramientas administrativas/DNS**.

**2** Haga clic en **Configurar el servidor** del menú **Acción**. Se abrirá el **Asistente para configurar servidor DNS**. Oprima **Siguiente**.

**3** Si chequea **Este es el primer Servidor DNS de la red**, se convertirá en el servidor raíz. De lo contrario chequee **Uno o más servidores DNS están funcionando...** e ingrese una dirección IP. Oprima **Siguiente**.

**4** Si va a crear la zona de búsqueda directa, chequee el botón correspondiente. Oprima **Siguiente**.

**5** Chequee **Principal estándar** para crear la copia maestra de una nueva zona. Oprima **Siguiente**.

**6** Ingrese el nombre de la zona, que pude ser el mismo del servidor u otro que desee. Oprima **Siguiente**.

Configuración de la red  6

**7** Chequee el botón **Cree un archivo nuevo con este nombre...** y acepte el propuesto o modifíquelo, si lo desea. Oprima **Siguiente**.

**8** Chequee **Sí, crear una zona de búsqueda inversa**, si eso es lo que quiere hacer. Oprima **Siguiente** y repita el paso 5.

**9** Ingrese la dirección IP del dominio de búsqueda. Oprima **Siguiente**.

**10** Chequee el botón **Cree un archivo nuevo con este nombre...** y acepte el propuesto o modifíquelo, si lo desea. Oprima **Siguiente**.

**11** Verifique que la configuración elegida sea la correcta. Si desea cambiar algo, oprima **Atrás**, de lo contrario, pulse **Finalizar**.

Las copias de una zona se almacenan en archivos de texto. Las zonas primarias estándar se administran y mantienen desde la computadora que las creó. Una copia secundaria estándar es una copia de sólo lectura de la primaria estándar, que sirve como copia redundante y para descargar trabajo del servidor de nombres que contiene la base de datos de la zona primaria. **Active Directory integrado** es la copia maestra de una nueva zona que usa Active Directory para almacenarse.

Es posible usar un archivo de nombres DNS ya existente, siempre que tenga la precaución de copiarlo en la carpeta `\WINNT\system32\DNS` –suponiendo que `\WINNT\` sea la carpeta de instalación de Windows– y posea la extensión .DNS.

Si hace clic con el botón derecho del *mouse* en el nombre de una zona, puede agregar **Registros de recursos** como un nuevo *host* dentro del principal, o un alias o nombre alternativo, grupos de correo, etc. Seleccione **Otros registros nuevos** para ver todas las opciones que tiene.

Cuando se hacen cambios a un dominio sobre el cual un servidor de nombres tiene autoridad, habitualmente hay que hacer una actualización manual de la base de datos de la zona del servidor de nombres primario. El Servicio DNS tiene una prestación llamada **DDNS** (*Dynamic DNS*) que incluye la capacidad de actualizar los cambios automáticamente. Ésta funciona si el servidor utiliza Active Directory y la copia maestra de la zona es Active Directory integrada.

Si utiliza DHCP, puede configurar este servicio para usar DNS. Abra el *snap-in* correspondiente a DHCP, haga clic con el botón derecho del *mouse* en **Opciones de servidor** y, en el índice **General**, chequee **006 Servidores DNS**. Ingrese el nombre del servidor y oprima **Resolver**, luego pulse **Agregar** para añadir a la lista la dirección IP que acaba de aparecer. Después chequee **015 Nombre de dominio DNS** e ingrese el nombre del dominio en el campo de texto del panel inferior. Oprima **Aplicar** y luego **Aceptar** para volver al *snap-in* DHCP.

El último paso es configurar el cliente DNS.

## Configurar el cliente DNS         PASO A PASO

En el cliente, haga clic con el botón derecho del *mouse* en **Mis sitios de red** y seleccione **Propiedades** del menú contextual.

En la ventana de conexiones, haga clic con el botón derecho en **Conexión de área local** y seleccione **Propiedades** del menú contextual.

**1** Elija **Protocolo Internet (TCP/IP)** y oprima **Propiedades**. En la hoja de Propiedades chequee el botón **Usar las siguientes direcciones de servidor DNS**. Ingrese las direcciones IP del servidor preferido y, si lo hay, del alternativo. Oprima **Avanzado**.

**2** En el índice **DNS**, si tiene más de un servidor DNS, utilice las flechas para indicar el orden en el que el cliente hará las búsquedas. Si chequea **Anexar sufijos DNS principales y de conexiones específicas**, la resolución de nombres "heredará" el sufijo primario del servidor. También puede agregar sufijos que corresponden a otros servidores que el cliente puede consultar.

**3** Oprima **Aceptar** en cada caja de diálogo para concluir el procedimiento.

# Repaso

En este capítulo usted ha visto:

1. Cómo se instalan y configuran los protocolos de red en Windows 2000. Por qué TCP/IP es el protocolo principal elegido y cuáles son sus componentes. Cómo se configuran direcciones IP estáticas y dinámicas. Cuáles son los utilitarios TCP/IP.

2. Qué es el servicio DHCP, para qué sirve, cómo se instala y configura. Qué es un ámbito, cómo se crea y cómo se administra.

3. Qué es el servicio WINS, para qué sirve, cómo se instala y configura. Cómo se hace una asignación estática.

4. Qué es el servicio DNS, para qué sirve, cómo se instala y configura. Cómo es una estructura jerárquica de nombres y dominios.

# ACTIVE DIRECTORY

Donde se habla sobre el nuevo sistema de directorios de Windows 2000, qué prestaciones ofrece y cómo se configura.

**Capítulo** **7**

# Active Directory

Active Directory (**AD**) es el servicio de directorios incluido en Windows 2000.

## SERVICIO DE DIRECTORIOS

Un **servicio de directorios** es un servicio de red que identifica todos los recursos en ella y los hace accesibles a los usuarios y a las aplicaciones.

El elemento principal de AD es el **directorio**, que almacena información sobre los recursos de la red y sobre los servicios que hacen disponible la información. Los recursos almacenados en el directorio, como los datos del usuario, impresoras, servidores, bases de datos, grupos, computadoras y políticas de sistema, se denominan **objetos**.

AD organiza los recursos jerárquicamente en dominios.

## DOMINIO

Un **dominio** (*domain*) es una agrupación lógica de servidores y otros recursos de red bajo un mismo nombre de dominio.

Cada dominio incluye uno o más **controladores de dominio** (*domain controllers*), que son máquinas que almacenan una réplica completa de un directorio de dominio. Para simplificar la administración; todos los controladores de un dominio son pares y cada vez que se hace algún cambio en alguno de los controladores, el resto se actualiza automáticamente. Más aun, AD permite tener un solo punto de ingreso a la red y, por lo tanto, un solo lugar de administración de la red. Un solo administrador está en condiciones de manejar todos los dominios desde un mismo lugar.

El directorio de AD almacena la información organizándola en secciones que permiten recopilar un gran número de objetos. Este sistema de secciones permite expandir el directorio a medida que la información a almacenar es mayor, generalmente a resultas del crecimiento de la empresa o de la ampliación de la red.

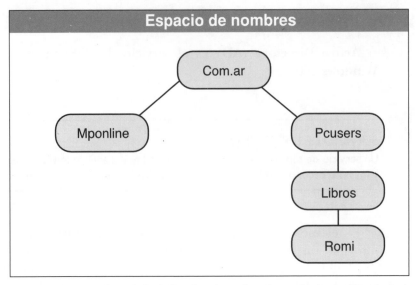

*Tal como vimos en el capítulo dedicado a las redes, el espacio de nombres de Active Directory es semejante al DNS, es decir, al que se usa en Internet.*

A semejanza de lo que sucede con Internet, AD integra el concepto de **espacio de nombres** (*namespace*), lo que permite unificar y, de esa manera, facilitar la administración de múltiples espacios de nombre que hoy existen en los entornos empresarios con combinaciones muy heterogéneas de *hardware* y *software*.

Precisamente por su cercanía con los mecanismos de Internet, AD usa **DNS** (*Domain Name System,* vea el capítulo anterior) para su sistema de nombres y puede intercambiar información con cualquier aplicación o directorio que use **LDAP** (*Lightweight Directory Access Protocol*) o **HTTP** (*Hypertext Transfer Protocol*).

AD usa LDAP para intercambiar información también con cualquier otro sistema de directorios que soporte LDAP versiones 2 y 3, como es el caso de Novell Directories Services (NDS).

## SERVICIO DNS

Para que Active Directory y el *software* asociado pueda funcionar correctamente, debe instalar y configurar el servicio DNS. Como Windows 2000 usa DNS como su servicio de nombres y ubicaciones, los nombres de dominios de AD también son nombres DNS. Es más, si la red está compuesta exclusivamente por equipos corriendo cualquier versión de Windows 2000 –y eventualmente, Windows 98–, se puede instalar y configurar DDNS (*Dynamic DNS*) para que asigne dinámicamente las direcciones y actualice las tablas DNS automáticamente, lo que elimina la necesidad de otros servicios como WINS.

HTTP es el protocolo estándar que se usa para mostrar páginas *web* en Internet. Eso significa que cada objeto de AD puede mostrarse en una página HTML en un *browser*, con lo cual es posible unificar la interfase para casi todas las aplicaciones dfe la red.

Dado que AD soporta varios de los formatos de nombre estándar, el usuario localiza los recursos de varias maneras:

- **RFC 822**. Este formato es el clásico del correo electrónico, por lo que se puede usar la forma `recurso@dominio` para referirse a un recurso determinado.
- **UNC**. Los nombres definidos por *Universal Naming Convention* (UNC) son los que se conocen comúnmente como direcciones de red: `\\dominio\servidor\archivo.ext`.
- **HTTP**. Los nombres **http**, también llamados URL (*Universal Resource Locator*) son los que estamos acostumbrados a usar en Internet: `http://subdominio.dominio/página`.
- **LDAP**. Con algunas variantes, la dirección LDAP es básicamente semejante a la HTTP.

# Estructura de Active Directory

Debido a la gran variedad de entornos, por un lado, y a la flexibilidad de AD, por el otro, antes de implementar Active Directory, se necesita, más que nunca, un buen diseño previo. Por otra parte, un buen diseño previo, que contemple no sólo las prestaciones de AD sino también la

*Active Directory 7*

posible escalabilidad de la corporación, hace que la administración posterior de la red sea mucho más fácil que en otros entornos.

Como AD permite separar completamente la estructura lógica de la jerarquía del dominio de la estructura física, se pueden crear tanto estructuras centralizadas desde un departamento de Information Technology hasta organizaciones altamente descentralizadas donde cada unidad está enfocada a un objetivo específico.

En Active Directory los recursos se organizan en una estructura lógica que posibilita distintos tipos de agrupamientos. Precisamente una de las ventajas de agrupar lógicamente los recursos es la de poder encontrar el que se busca por nombre y no por ubicación. De esta manera, la estructura física de la red queda transparente para el usuario.

Un **objeto** es un conjunto de atributos particulares, bajo un nombre específico, que representa un recurso individual de la red. Los **atributos** se refieren a las características del objeto. Así, los atributos de una cuenta de usuario pueden ser el nombre, departamento y dirección *e-mail* y los de una impresora, si es láser y si es color. Algunos objetos funcionan también como **contenedores**: un dominio, por ejemplo, es un objeto contenedor.

Las agrupaciones lógicas de objetos son las **clases**. Una clase pueden constituirla todas las cuentas de usuario, las impresoras, los grupos, etc.

Las **unidades organizacionales** (UO - *organizational units*) son contenedores que se usan para agrupar objetos de un dominio en grupos administrativos lógicos. Cada UO contiene distintos objetos y cada dominio tiene sus propia lógica de agrupación en UOs.

La unidad central de la estructura lógica de AD es el **dominio**. Agrupando los objetos en uno o más dominios es posible representar la propia organización de la empresa. Todos los objetos de la red existen dentro de un dominio, dentro del cual, teóricamente, se pueden albergar hasta 10 millones de objetos.

Un dominio es, a la vez, un límite de seguridad. El acceso a los objetos se controla por medio de **Listas de control de acceso** (ACL – *Access Control Lists*), que contienen los permisos asociados con los objetos. Estas listas controlan cómo se accede a los objetos y quiénes y de qué manera lo hacen. Todas las políticas de seguridad y configuraciones –derechos administrativos, comparticiones, ACLs, etc.– no pasan de un dominio al otro. El administrador del dominio tiene derechos absolutos de control sólo sobre su dominio.

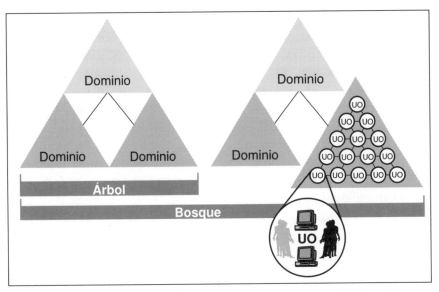

*En esta infografía se grafican las relaciones entre los dominios, el árbol y el bosque y las unidades organizacionales.*

Un **árbol** es una agrupación de uno o más dominios que comparte un espacio de nombres contiguos. Para nombrar un árbol hay que recurrir a los estándares DNS.

Todos los dominios de un árbol comparten un **catálogo global**, que es el depósito central de toda la información relacionada con los objetos de un árbol.

MÁS DATOS

### ACTUALIZACIÓN CONSTANTE

El contenido del catálogo se actualiza constantemente como parte del proceso de replicación (vea más adelante).

El catálogo global es un servicio que, entre otras cosas, almacena los atributos de un objeto más comúnmente usados en una operación de búsqueda, por lo que se puede usar para localizar los objetos en cualquier lugar de la red. Al instalar Active Directory en el primer controlador de dominio de un bosque, este controlador se convierte, automáticamente en el **servidor del catálogo global**.

Todos los dominios de un árbol comparten un **esquema**, que es una definición formal de todos los tipos de objetos que es posible almacenar en una implementación de AD. El esquema mantiene una especie de lista de las definiciones más comunes de los objetos, así como de sus propiedades. Es factible definir nuevos tipos de objetos o atribuirles nuevas propiedades o atributos a objetos existentes y el esquema –a través del *snap-in* Administrador de esquemas– se extiende para cubrir las nuevas funcionalidades. Como el esquema se almacena en el catálogo global, cada vez que se extiende mediante nuevos atributos o nuevas clases, las extensiones están disponibles inmediatamente.

Un **bosque** (*forest*) es una agrupación de árboles que no comparten un espacio de nombres contiguos. Todos los árboles de un bosque comparten un esquema común, así como todos los dominios comparten un catálogo global. Sin embargo, los dominios de un bosque pueden operar independientemente, pero el bosque se encarga de establecer comunicación a través de toda la organización.

**HAY QUE SABERLO**

## ESTRUCTURA FÍSICA DE ACTIVE DIRECTORY

La estructura física de Active Directory está basada en **sitios**. Un sitio es la combinación de uno o más subredes comunicadas mediante IP. Los sitios sólo tienen objetos computadora y objetos conexión, y no son parte del espacio de nombres. Un dominio individual puede extenderse por múltiples sitios y un sitio puede incluir computadoras y usuarios pertenecientes a varios dominios.

## Relaciones de confianza

Dijimos que un árbol de dominios es una agrupación jerárquica que se crea agregando uno o más dominios hijos a un dominio padre existente. Todos los dominios de un árbol comparten el mismo directorio de Active Directory. Sin embargo, los controladores de dominio sólo almacenan la parte de Active Directory que contiene los objetos de ese dominio. No hay una base de datos maestra que almacene toda la información de todos los dominios del árbol. En cambio, como todos los dominios comparten un directorio, los usuarios pueden ubicar y usar los recursos de la red en cualquier dominio, siempre que tengan los permisos requeridos para acceder a ese recurso.

Precisamente, la estructura de árbol permite establecer permisos y restricciones sobre la base de una UO o de un solo dominio. Para eso, en la etapa de diseño y planificación es necesario tener en cuenta no sólo el flujo de permisos a través de la jerarquía de AD sino también el sistema de relaciones de confianza.

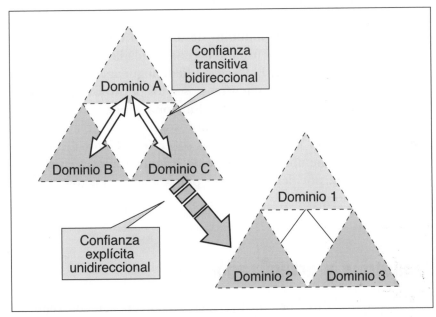

*Mediante las relaciones de confianza es posible autenticar a un usuario dentro y fuera de un dominio determinado.*

Una **relación de confianza** (*trust relationship*) es el vínculo que se establece entre dos dominios entre los cuales **el que confía** acepta las autenticaciones del dominio **confiado**. Existen dos formas de relaciones de confianza:

• **Confianza transitiva bidireccional** (*Two-way transitive trust*). Ésta es una prestación provista por el protocolo de autenticación Kerberos. Es la relación entre dominios hijos y padres dentro de un árbol y entre los dominios de alto nivel de un bosque. Estas relaciones se establecen y mantienen automáticamente. La confianza transitiva implica que si un dominio A confía en uno B y éste, a su vez, en un C, A automáticamente confía en C; al ser también bidireccional, C confía en A. Cada dominio que se une al árbol tiene establecidas inmediatamente las relaciones de confianza con el resto de los dominios.

- **Confianza explícita unidireccional** (*Explicit one-way trust*). Es la relación entre dominios que no son parte del mismo árbol. Esta forma se provee por compatibilidad con dominios de otros sistemas operativos como Windows NT 4 u otros, lo que permite configurar relaciones de confianza entre dominios de otros árboles.

Como todos los dominios de un árbol confían unos en otros, un árbol permite que el usuario acceda a toda la red como si estuviera en un dominio simple. El usuario puede loguearse en un dominio y usar los recursos de otro, mientras posea los permisos necesarios.

Para esto, cada dominio funciona como una demarcación de seguridad en la cual los miembros del grupo de administradores de dominio sólo tienen autoridad sobre los objetos de su dominio, así como los miembros del grupo de Administradores en el dominio raíz no tienen, por defecto –se les puede asignar luego– privilegios fuera de ese dominio.

# Replicación y actualización

Active Directory incluye una prestación llamada **replicación**, que asegura que los cambios en un controlador de dominio se reflejen en el resto de los controladores de dominio dentro de un mismo dominio.

Cada controlador de dominio almacena una **copia completa** (réplica) de toda la información de ese dominio, administra los cambios de esa información y replica esos cambios en el resto de los controladores de dominio de ese dominio. Asimismo, los controladores de dominio replican todos los objetos en un dominio a cada uno de los otros. Cuando usted hace un cambio en Active Directory, en realidad está haciendo el cambio en un controlador de dominio. Éste luego replica el cambio al resto de los controladores. Usted define cada cuánto se lleva a cabo la replicación y qué cantidad de información se replica en cada vez.

La densidad del tráfico de la red depende de la cantidad de servidores de catálogo global que haya en un bosque o en un árbol. Se puede tener más de un servidor de catálogo global, por cuestiones de seguridad y redundancia, pero hay que definir exactamente la cantidad de servidores en función de soportar el tráfico ya que a mayor cantidad de servidores, hay más rapidez en las respuestas a solicitudes o a búsquedas, pero es mayor el tráfico.

Active Directory usa un tipo de replicación llamada *multimaster*, que significa, en realidad, que ninguno de los controladores de dominio es el controlador maestro –ni siquiera el que alberga el servidor de catálogo global–, sino que, como dijimos más arriba, todos los controladores son **pares** (*peers*) y poseen la misma información y la misma capacidad de administración. Aunque por cortos períodos la información en los diversos controladores sea distinta –el tiempo entre dos sincronizaciones– tener más de un controlador de dominio provee tolerancia a fallos, ya que si un controlador de dominio está fuera de línea, cualquier otro puede tomar sus funciones.

# Instalar y configurar Active Directory

Lo primero que hay que tener en cuenta es que Active Directory sólo puede existir en particiones formateadas con NTFS. Eso significa que un servidor que va a ser controlador de dominio no sólo no puede ser un equipo con doble *booteo*, sino que, además, si no lo hizo, deberá convertir las particiones FAT y FAT 32 a NTFS antes de proseguir con el trabajo.

Usted va a utilizar el Asistente para instalación de Active Directory, el que le permitirá llevar a cabo las siguientes tareas:

- Agregar un controlador de dominio a un dominio existente.
- Crear el primer controlador de dominio de un nuevo dominio.
- Crear un nuevo dominio hijo (*child*).
- Crear un nuevo árbol de dominios.

Para arrancar el Asistente para instalación de Active Directory, haga clic en `Programas/Herramientas Administrativas/Configurar su servidor` (vea el Capítulo 1, **Instalación**).

**Active Directory** 7

### ADVERTENCIA

Alternativamente, para instalar AD puede ingresar `dcpromo.exe` en la caja de diálogo **Ejecutar** del menú del botón **Inicio**. Sin embargo, debe tener cuidado, ya que con **dcpromo** también puede eliminar AD del controlador de dominio y degradarlo a servidor autónomo. Asimismo, si borra todos los controladores de dominio en un dominio, desaparecerá la base de datos de éste, por lo cual el dominio dejará de existir

Si escoge crear el primer controlador de dominio para el nuevo dominio, primero debe crear el dominio. En ese caso, también, puede crear dominios hijos y árboles. El nuevo hijo será un subdominio del principal. Si crea un nuevo árbol, se creará un nuevo dominio que no será parte del recién creado. Sí se pueden crear nuevos árboles para un bosque existente o crear el nuevo bosque.

Si elige añadir un controlador de dominio a un dominio existente, estará creando un controlador de dominio par (*peer*). Crear controladores de dominio para agregar a los ya presentes tiene sentido por redundancia y para reducir el tráfico entre los que ya están.

Instalar AD crea dos componentes básicos:

- **Base de datos**. La base de datos es el directorio de un nuevo dominio. Junto con ella se crean también los informes (*logs*) de la base de datos. Ambos se almacenan en la subcarpeta `\Ntds` de la carpeta de instalación de Windows, aunque se recomienda, para un mejor rendimiento, almacenar la base de datos y los informes de la base de datos en discos diferentes.
- **Volumen de sistema compartido** (*Shared System Volume*). Es una estructura de carpetas que existe en todos los controladores de dominio de Windows 2000. Almacena *scripts*, políticas del sistema y otros objetos referidos no sólo al controlador de dominio actual, sino también a toda la red. La ubicación predeterminada es la carpeta `\Sysvol` y debe estar ubicada en una partición o volumen formateado con NTFS.

La actualización del volumen de sistema compartido ocurre al mismo tiempo que la replicación de AD –de hecho forman parte del mismo proceso– por lo que al crear un volumen, la primera vez hay que esperar por lo menos dos ciclos de replicación para que éste contenga toda la información actualizada.

Cuando se instala por primera vez un controlador de dominio –o se actualiza uno existente a Windows 2000 Server–, éste se crea en **modo mixto** (*mixed mode*). Este modo permite al controlador interactuar con otros controladores que estén corriendo otras versiones de Windows, típicamente NT 4 Server. Éstos reciben el nombre de controladores de bajo nivel (*down-level domain controllers*).

Si toda la red ha sido actualizada a Windows 2000 y no tiene pensado añadir controladores de bajo nivel, puede convertir los controladores a **modo nativo**. Este modo, además de permitirle contar con todos los beneficios de AD, tiene algunas condiciones. No se soportan más los controladores de bajo nivel, y el que aparecía como controlador de dominio maestro, no lo es más, ya que todos los controladores de dominio, como dijimos anteriormente, son pares. Más aun, si usted ha convertido los controladores de dominio al modo nativo, no puede volver luego al modo mixto.

# Cuentas de Usuario y grupos

La **cuenta de Usuario** es la que permite que un operador pueda ingresar (*log on* – loguearse) a un dominio y tenga acceso a los diferentes recursos de una red. Windows 2000 permite crear dos tipos de cuentas de usuario.

Con una **cuenta de Usuario de dominio**, éste ingresa al dominio y tiene acceso a todos los recursos de cualquier parte de la red. Usando el nombre de usuario y contraseña, Windows autentica al usuario y crea una ficha (*token*) de acceso con la información del usuario, su seguridad, sus permisos y restricciones.

La cuenta de usuario se mantiene en la copia de la base de datos de Active Directory (el Directorio) de un controlador de dominio y éste replica la información a todos los controladores. De esa manera, todos los controladores en un árbol pueden autenticar al usuario.

La **cuenta de Usuario local** permite ingresar y tener acceso a los recursos sólo en la computadora en la que se ha creado la cuenta. La información se almacena sólo en la base de datos de seguridad local. No hay replicación y, por lo tanto, no hay autenticación por el resto del árbol.

No se recomienda crear usuarios locales en computadoras que son parte de un dominio, ya que éstos no reconocen esas cuentas.

Active Directory

7

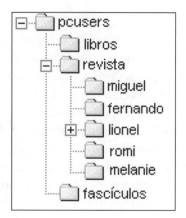

*Las relaciones entre el dominio, el subdominio y los usuarios en Active Directory se pueden simbolizar de la misma manera como se lo puede hacer con carpetas y subcarpetas.*

Tal como vimos en el Capítulo 1, **Instalación**, Windows 2000 crea automáticamente una serie de cuentas llamadas *built-in*, como Administrador e Invitado.

HAY QUE SABERLO

## NOMBRES DE CUENTAS

Es posible cambiar de nombre la cuenta Administrador pero no puede borrarla. Más aun, por seguridad se recomienda renombrarla con algún nombre que no dé una idea de los privilegios de administrador, de modo de impedir que cualquier usuario no autorizado ingrese en la cuenta del administrador, al no saber cuál es exactamente. Lo mismo ocurre con la cuenta Invitado que, además, está desactivada por defecto.

Para crear cuentas de usuario de dominio se usa el *snap-in* **Administración de directorios**. Haga clic con el botón derecho del mouse en **Usuarios** y seleccione **Nuevo Usuario**. En la caja de diálogo que se abre, ingrese el o los nombres completos, el nombre de usuario que corresponde a la UO y el que, eventualmente pude usarse para ingresar desde clientes de bajo nivel como Windows NT 4 y 98. En forma predeterminada se agrega el nombre del dominio desde el cual se está creando la cuenta, pero ése se puede cambiar si se crea un usuario de otro dominio.

Luego hay que ingresar la contraseña dos veces para confirmarla. Mediante los casilleros de chequeo apropiados es posible definir si permite que el usuario cambie mandatoriamente la contraseña –la primera vez que ingrese, estará obligado a cambiar la contraseña por una de su elección– o, por el contrario, no puede modificarla. Asimismo, es posible determinar que la contraseña no venza nunca.

Luego de crear la cuenta, puede cliquear con el botón derecho en ella para seleccionar `Propiedades` y definir diversas características tales como los datos personales del usuario, horario en el que se le permite ingresar, propiedades de la cuenta, propiedades de marcado telefónico, etc.

Un **grupo** es una colección de cuentas de Usuario. Al asignar permisos y restricciones a un grupo, usted puede facilitar la administración de los usuarios individuales simplemente asignándolo a un grupo determinado.

SUGERENCIA

## MÚLTIPLES GRUPOS Y GRUPOS ANIDADOS

Los usuarios pueden, a su vez, ser miembros de múltiples grupos, ya que los grupos son sólo listas de usuarios que apuntan a la cuenta. Además, los grupos pueden ser miembros de otros grupos (anidados), pero no se recomienda más de un nivel de anidamiento porque empiezan a dificultarse las tareas de mantenimiento y rastreo de errores.

Windows 2000 utiliza dos tipos de grupos:

- Los **grupos de seguridad** se utilizan para propósitos relacionados con la seguridad de la red, tal como puede ser el asignar permisos, etc.
- El **grupo de distribución**, el que las aplicaciones pueden usar para actividades no relacionadas con la seguridad como enviar *e-mails*.

Ambos tipos de grupos se almacenan en la base de datos de Active Directory.

SUGERENCIA

## EXCHANGE SERVER

Sólo las aplicaciones diseñadas para trabajar con Active Directory usan grupos de distribución. Un ejemplo es Exchange Server, que será capaz de usar los grupos de distribución como listas de distribución de correos.

7

Active Directory

Los grupos de seguridad se administran mediante ámbitos (*scopes*). Los **grupos globales** suelen servir para reunir usuarios que comparten similares niveles de permisos y acceden aproximadamente a los mismos recursos de la red. Los grupos globales se pueden usar para asignar permisos para recursos ubicados en cualquier dominio, pero sólo se pueden agregar miembros del dominio en el que fue creado el grupo.

Los **grupos de seguridad de dominio local**, en cambio se usan más para asignación de permisos a recursos. Se agregan usuarios de cualquier dominio pero sólo se asignarán permisos a recursos disponibles en el dominio en el que se creó el grupo.

Los **grupos de seguridad universales** permiten asignar permisos para usar múltiples recursos en varios dominios. Se agrega a cualquier usuario y se da acceso a cualquier recurso, pero sólo puede hacerse si los controladores de dominios están en modo nativo (vea **Instalar y configurar Active Directory** en este capítulo).

Los grupos pueden ser tanto **globales** como **locales**, según el tipo de cuentas capaces de manejar.

Para crear un grupo seleccione **Usuarios** y, haciendo clic en la opción **Nuevo/Grupo** del menú **Acción**, en la caja de diálogo que se abre, asigne nombre al grupo y defina el tipo y el ámbito. Luego haga clic con el botón derecho del *mouse* en el nombre del grupo que acaba de crear y seleccione **Propiedades**. En la hoja de Propiedades es posible añadir los distintos usuarios o computadoras y cambiar el ámbito, entre otras cosas.

# Repaso

En este capítulo usted ha visto:

1. Qué es Active Directory. Qué es un directorio, un dominio, un controlador de dominio.

2. Cómo se organiza Active Directory. Qué es un objeto, un contenedor y una clase. Qué es una unidad organizacional, un esquema, un catálogo global, un árbol y un bosque. Qué son las relaciones de confianza y la replicación.

3. Cómo se instala y configura Active Directory. Qué son los modos de un controlador de dominio. Cómo se administran las cuentas de usuario y los grupos.

# COMUNICACIONES

**Donde se habla de la comunicación por vía telefónica, se ve cómo se configuran los servicios para Internet y se hace un pantallazo de las tecnologías de comunicaciones que vienen con Windows 2000.**

**Capítulo** **8**

# Windows 2000 y las tecnologías de comunicaciones

En estos últimos años ningún segmento de la informática ha crecido tanto como el de las comunicaciones. Comenzando con los servidores de acceso remoto, siguiendo por Internet y terminando –es un decir, porque la evolución sigue– por las derivaciones actuales como las redes virtuales privadas, videoconferencias y telefonía por Internet, el soporte de protocolos de comunicación telefónica se ha impuesto como una necesidad ante la actualidad.

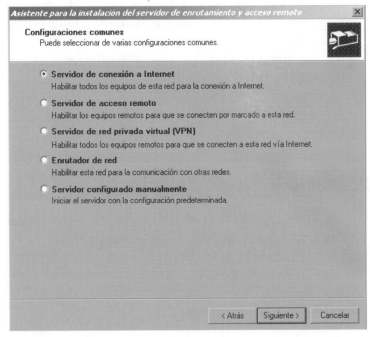

*Éstas son algunas de las opciones de conectividad y comunicaciones que Windows 2000 le permite instalar y configurar en su red.*

Precisamente Windows 2000, al hacer centro en las tecnologías estándar que acompañan a Internet –vimos en el Capítulo 6, **Configuración de la red** que Windows gira alrededor de TCP/IP, el protocolo de Internet por antonomasia– no podía dejar de enfocarse en la conectividad por línea telefónica.

Podríamos dividir, para su mejor estudio, las tecnologías de comunicaciones en tres áreas:

8

Comunicaciones

- **Enrutamiento y Acceso Remoto** (*Routing and Remote Access*). Este grupo de tecnologías permite a los usuarios conectarse a la red corporativa sobre líneas telefónicas comunes. No sólo posibilita el acceso a Internet sino que también es capaz de brindar el servicio de ISP a otros usuarios.
- **API Telefónica**. La API (*Application Program Interface*) que tiene que ver con las conexiones telefónicas permite a los desarrolladores integrar a Windows 2000, por ejemplo, en redes de voz, o sacar ventaja de nuevas tecnologías emergentes como telefonía IP.
- **Audio y video conferencia**. Es una prestación que viene incluida en Windows 2000. Los **Servicios de Windows Media** (*Windows Media Services*) son un componente que incluye el sistema operativo. Permiten que se aprovechen no sólo las prestaciones de audio y video sino también la tecnología de *streaming*.

De ellos nos vamos a ocupar en este primer apartado.

# Enrutamiento y Acceso Remoto

Bajo este nombre –y el *snap-in* que lo posee– se cobijan todas las tecnologías que hacen que los distintos componentes de la red se comuniquen por vía telefónica. Enrutamiento y Acceso Remoto combina e integra las tecnologías que antes estaban separadas como **Servidor de Acceso Remoto** (RAS – *Remote Access Server*) y **Acceso Telefónico a Redes** (DUN – *Dial-up Networking*).

Windows 2000 Server tiene las herramientas para convertirse en un servidor de acceso remoto, mientras que tanto Windows 95 y 98 como NT Workstation y 2000 Pro pueden ser los clientes de este tipo de acceso.

**HAY QUE SABERLO**

WINDOWS 2000 Y LAS CONEXIONES DIGITALES

Si bien se habla preferentemente de conexión telefónica a través de líneas ordinarias, es decir, líneas análogas a través de módems, Windows 2000 soporta también conexiones por medio de líneas digitales de alta velocidad (ISDN), líneas X.25 y conexiones directas por cable (*modem null*).

## Unicasting, multicasting y NAT

Un **ruteador** (*router*) es una capa intermediaria de *hardware* o *software* que se usa para conectar redes LAN o WAN, basada en protocolos comunes a las redes que se conectan, como TCP/IP. El *unicasting* (también llamado *unicast routing*) es el reenvío de tráfico destinado a **una sola** ubicación en la red, de un *host* fuente a un *host* destino, usando ruteadores. Al servidor Windows 2000 encargado del enrutamiento se lo conoce como **Windows 2000 router**.

Las computadoras de una red pueden enviar paquetes a otras redes reenviándolos a través del *router*. Éste examina el encabezado del paquete para decidir qué protocolo utilizar. Windows 2000 puede rutear tráfico de IP, IPX y AppleTalk. Windows 2000 está, además, preparado para que terceras partes puedan agregarle tantos protocolos nuevos como sean necesarios.

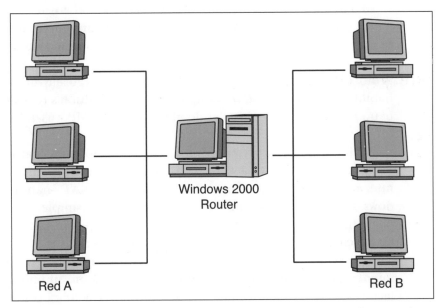

Windows 2000
Router

Red A                                                          Red B

*Si el ruteo es simple, no son necesarios protocolos especiales porque el* router *tiene contacto con las dos subredes.*

Comunicaciones 8

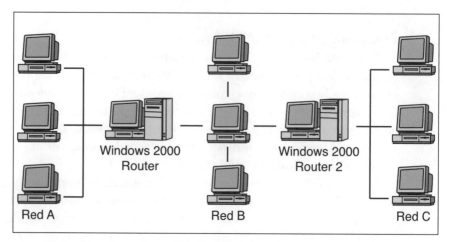

Windows 2000
Router

Windows 2000
Router 2

Red A

Red B

Red C

*En cambio, si es más complejo los protocolos cobran enorme importancia.*

**Multicasting** (*muticast routing and forwarding*) es el envío de paquetes a través de la red a múltiples puntos. Se trata de un único paquete que se envía a múltiples direcciones utilizando IP. Aunque Windows 2000 puede manejar el reenvío (*forwarding*) mediante *multicast,* no trae los protocolos para el ruteo por *multicast.* Sin embargo hay un modo de habilitarlo para una *intranet* que se conecta a múltiples redes mediante un ruteador simple, instalando el protocolo IGMP y usándose como un *proxy.*

**NAT** (*Network Address Translation*) es el proceso en el cual se usa un *proxy* de manera transparente para transferir paquetes entre una red interna y una externa. Con la funcionalidad de NAT –nativa en Windows 2000– habilitada, una conexión telefónica simple es capaz de permitir que una red entera se conecte a Internet sin hacer cambios en los clientes.

El servidor debe estar configurado con direcciones IP estáticas, mientras los clientes deben definir al servidor como su puerta de enlace (*gateway*) predeterminada. El servidor NAT actuará como un *router* al reenviar los paquetes de la red interna a la externa.

**HAY QUE SABERLO**

## A DIFERENCIA DE UN ROUTER COMÚN...

NAT añade la prestación adicional de reemplazar las direcciones IP privadas por direcciones IP públicas válidas.

NAT también es capaz de actuar como un *proxy* invertido (*reverse-proxy*), lo que permite a los administradores a publicar páginas *web* o servicios de correo electrónico disponibles públicamente sin necesidad de poner los servidores en una red pública. Puede usar un rango determinado de direcciones IP públicas o asignar IPs privadas usando DHCP y actuar, incluso, como un *proxy* para solicitudes DNS.

## La consola Enrutamiento y Acceso Remoto

Usted accede a la consola haciendo clic en **Programas/Herramientas administrativas** de menú del botón **Inicio**.

La primera vez que lo use, deberá establecer el o los servidores que va a controlar mediante el utilitario. Haga clic en el menú **Acción** y seleccione **Agregar servidor**. Mediante botones de opción, puede elegir si configura la máquina local, otro equipo de la red, un dominio en particular o rastrea un objeto de Active Directory.

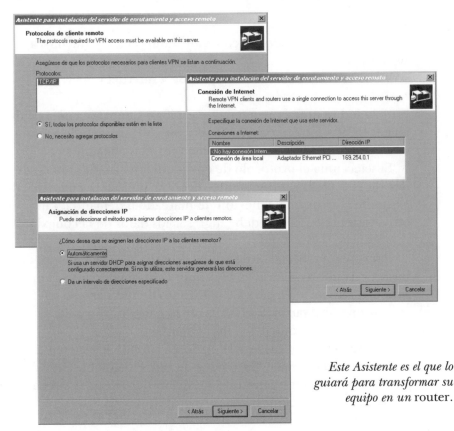

*Este Asistente es el que lo guiará para transformar su equipo en un* router.

El segundo paso es agregar los servicios que desee configurar. Haga clic con el botón derecho del *mouse* en el nombre del servidor y seleccione **Configurar y habilitar el enrutamiento y acceso remoto**.

El Asistente que se abre le permitirá escoger qué va a configurar:

- **Servidor de conexión a Internet**. Esta opción permite establecer un servidor a través del cual se comunica el resto de la red con Internet.
- **Servidor de acceso remoto**. En este caso lo que se configura es la capacidad de recibir llamados telefónicos para conectarse con este servidor.
- **Servidor de red privada virtual**. Una manera de comunicarse con la red local a través de Internet (vea más adelante).
- **Enrutador de red**. Como su nombre lo indica, configura este servidor como *router*.
- **Servidor configurado manualmente**. Esa opción habilita que el administrador configure todos los parámetros necesarios directamente desde la consola.

Si selecciona **Servidor de conexión a Internet**, la siguiente caja de diálogo le permitirá marcar, dependiendo de la complejidad de su red, dos servicios básicos: **Conexión compartida a Internet** y **NAT**.

Si la red es única y pequeña, seleccione **Conexión compartida a Internet** (**ICS** – *Internet Connection Sharing*). El Asistente lo enviará a **Conexiones de red y acceso telefónico** (vea más adelante).
Si selecciona el protocolo de enrutamiento **Traducción de direcciones de red** (**NAT**), el Asistente ofrecerá utilizar la conexión de red existente o crear una conexión de marcado a demanda. Luego abrirá otro Asistente en el que debe ingresar los datos de la conexión.

Para crear un Servidor de acceso remoto, seleccione entre opciones **Básica** y **Avanzada**. Como en el primer caso, si selecciona la opción **Básica**, el Asistente lo enviará a **Conexiones de red y acceso telefónico**. Si elige la opción **Avanzada**, el Asistente lo comenzará a guiar por los protocolos y servicios que desea implementar.
Alternativas semejantes a la opción avanzada le esperan si selecciona **Red privada virtual** y **Enrutador de red**. Finalmente **Servidor configurado manualmente** activará el servicio y dejará que usted haga el resto de las configuraciones.

## Redes privadas virtuales

Una **red privada virtual** (VPN – *Virtual Private Network*) engloba un conjunto de tecnologías que permiten que los datos viajen con seguridad a través de redes básicamente inseguras. Antes las empresas debían concesionar líneas telefónicas privadas, punto a punto o de cualquier otra clase, pero que permitiera conectar entre sí distintos lugares, incluso países.

En la época de Internet, VPN permite que sea la propia red la que se usa para comunicaciones privadas, lo que trae como ventaja, además, que de esa manera se integran a la red computadoras portátiles, y otros tipos de conexiones particulares sin necesidad de estar pendientes de un paquete de módems privados.

MÁS DATOS

### OTRAS VENTAJAS ADICIONALES DE VPN

Tienen que ver con reducir los costos y mejorar la privacidad, ya que cada oficina remota sólo necesita una conexión WAN: con el ISP, el que utilizará Internet para hacerse cargo de reenviar la información.

Windows 2000 viene con algunas de las mejores tecnologías actuales de VPN, que aseguran que los datos que viajan por la red no se pueden leer ni modificar en el trayecto.

Aunque son distintas en su diseño e implementación, la mayor parte de las tecnologías usadas para VPN se basan en el concepto del **túnel**. Éste consiste en una comunicación entre dos puntos dentro de la cual el marco o paquete es "encapsulado" dentro de otro paquete en el que viaja desde una punta a la otra del túnel. Al final del túnel, la información es "desencapsulada" y procesada como si hubiera sido recogida dentro de la misma LAN.

Windows 2000 incluye tres tecnologías que veremos con un poco de detalle.

- **Point-to-point Tunneling Protocol (PPTP)**. Originalmente creada para Windows NT 4 y posteriormente añadida a Windows 95 OSR 2 y Windows 98, PPTP es una tecnología de túnel multiprotocolo basada en PPP (*Point-to-Point Protocol*), vastamente usado por la mayoría de las conexiones telefónicas. Utilizando los mecanismos de autenticación y establecimiento de comunicaciones (*handshaking*) de PPP, PPTP permite la creación de un vínculo virtual que permite atravesar redes públicas y privadas. Si bien sólo Windows NT 4 Server y Windows 2000 Server pueden actuar como el lado servidor del túnel, cualquier miembro de la familia Windows puede actuar de cliente. Cualquier Windows puede discar a un ISP e iniciar una conexión privada con la red corporativa a través de Internet, al margen del protocolo interno de comunicaciones de la red. De hecho da lo mismo, incluso, que sea un servidor NetWare usando sólo IPX/SPX.

- **Layer 2 Tunneling Protocol (L2TP)**. Un desarrollo conjunto de Microsoft, Cisco, Ascend, IBM y 3Com, L2TP es un avance en el que se combinan PPTP y L2F (*Layer 2 Forwarding*, de Cisco). La mayor diferencia –y su ventaja evidente– es la capacidad de soportar múltiples conexiones a ISP. Un sistema Windows 2000 puede discar a dos conexiones con dos ISP distintos, enviar los datos por ambas y ser recibidas por un servidor Windows 2000 que reagrupa la información para enviarla a través de la red interna o por Internet. Otras prestaciones de L2TP tienen que ver con soporte de diversas tecnologías de conexión como Frame Relay, X.25 y ATM.

- **Windows Internet Protocol Security (IPSec)**. A diferencia de PPTP y L2TP, IPSec es una tecnología estándar de Internet. El "corazón" de IPSec se llama *Encapsulating Security Payload* (**ESP**) y es un mecanismo de encriptación y validación que funciona tanto en la capa de red como en la de transporte, permitiendo que cualquier dato que vaya por cualquiera de las capas superiores pueda ser cifrado y descifrado. En un caso, permite que incluso otros servicios, como Telnet, por ejemplo, viajen encriptados, mientras que en el otro, la encriptación ESP se ubica entre los encabezados IP y TCP de modo que tanto TCP como el resto de la información viaje cifrada. En el caso de la capa de red, ESP provee funcionalidad y privacidad a una VPN.

## Crear una conexión por Red Privada Virtual                    PASO A PASO

**1** Haga clic en **Configuración/Conexiones de red y de acceso telefónico** del menú del botón **Inicio** y doble clic en **Realizar conexión nueva**.

**2** Chequee el botón **Conectar a una red privada a través de Internet.** Oprima **Siguiente**.

**3** Seleccione el tipo de conexión. Si elige **Usar automáticamente esta conexión inicial**, deberá tener configurada por lo menos una conexión telefónica a un ISP (vea más adelante). Oprima **Siguiente**.

**4** Ingrese el nombre de dominio del *host* o su dirección. Oprima **Siguiente**.

**5** Escoja para quiénes estará disponible esta conexión. Oprima **Siguiente**.

**6** Si desea que otros equipos accedan a la red a través de su servidor, chequee **Habilitar conexión compartida a Internet para esta conexión** y **Marcado a petición** si es necesario (vea más adelante). Oprima **Siguiente**.

**7** Asigne el nombre que desee que tenga la conexión y oprima **Finalizar**.

Usted puede, a continuación, proseguir o afinar la configuración de la conexión a red privada virtual. Vuelva a abrir la ventana **Conexiones de red y de acceso telefónico**. Haga clic con el botón derecho del *mouse* en **Conexión Privada Virtual** y seleccione **Propiedades** del menú contextual.

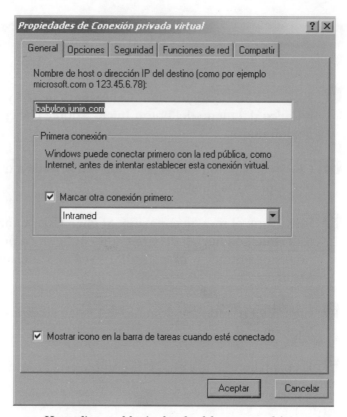

*Haga clic con el botón derecho del mouse en el ícono
de la **Conexión Privada Virtual** para modificar sus propiedades.*

La mayor parte de las opciones a configurar son semejantes a las que veremos al hablar de conexiones de acceso telefónico. Sólo hablaremos de las particulares.

En el índice **General** usted puede modificar tanto la dirección del *host* como la conexión telefónica que había elegido originalmente. En **Funciones de red** puede elegir a qué tipo de servidor está llamando o dejar que la detección se haga automáticamente.

# Interfase de programación de telefonía

La telefonía IP, una tecnología de transmisión de voz por redes e Internet, se está imponiendo sostenidamente como uno de los avances más importantes en las comunicaciones de estos últimos tiempos.

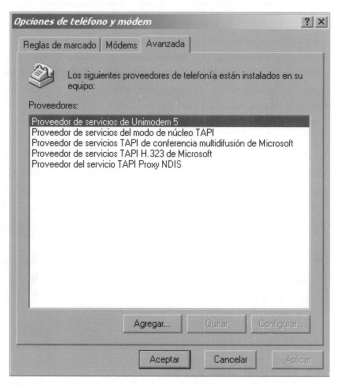

*Este listado de protocolos de conectividad telefónica puede ampliarse con la aparición de nuevas tecnologías.*

Windows 2000 provee la más nueva de las versiones, la 3.0, de su **Interfase de Programación de Aplicaciones de Telefonía** (TAPI – *Telephony Application Programming Interface)*, que provee una manera de que las aplicaciones desarrolladas para Windows puedan usar la funcionalidad telefónica construida dentro del sistema operativo.

El objetivo es reunir en un solo ente, la computadora, dos "redes" que hasta el momento conviven bastante separadas. Una es la red de voz, representada por el conmutador telefónico, que permite intercomunicar los teléfonos de los distintos departamentos, dirigir las llamadas entrantes a un fax, permitir conferencias entre tres o más integrantes del equipo, etc.

La otra es la red de datos, la que permite que las computadoras se unan entre sí para compartir datos, correo electrónico, videoconferencias, intercambio de archivos, etc.

SUGERENCIA

### FUSIÓN DE DOS REDES

Mantener dos redes separadas implica la necesidad de mantener dos equipos de soporte técnico o, por lo menos, dos abonos de mantenimiento distintos, dos cableados distintos, dos tipos de aparatología distintos, etc. Si se pudiesen combinar las dos redes en una, no sólo se reducirían los costos de mantenimiento, sino que también los costos de comenzar un negocio serían menores.

Además, las computadoras son más flexibles y funcionales que los teléfonos. TAPI 3.0. Al estar implementado usando COM (*Component Object Model*), y estar integrado a Active Directory, permite que los desarrolladores creen aplicaciones que tomen ventaja de las prestaciones de la API a través de la red. Crear aplicaciones que integren la voz y los datos tiene, de por sí, un gran potencial.

Por ejemplo, Windows 2000 no viene con *software* para llevar a cabo Telefonía IP, pero está preparado para participar de esta tecnología gracias a TAPI.

# Windows Media Services

Anteriormente conocido como NetShow, y disponible como una aplicación totalmente separada, los **Servicios de Windows Media** (WMS – *Windows Media Services*) vienen ahora incluidos en Windows 2000 Server para adicionarle a la red capacidades de *streaming* y multimedia.

HAY QUE SABERLO

### TÉCNICA DEL STREAMING

Habitualmente había que bajar completo al equipo cualquier archivo multimedia de Internet, y recién al finalizar la bajada se lo podía reproducir. Gracias a la técnica del *streaming* (flujo) es posible no sólo reproducirlo a medida de que baja sino también reproducir audio y video en tiempo real, es decir, a medida de que se lo produce.

WMS provee servicios de almacenamiento y reproducción de archivos multimedia, por medio del *streaming*, a través de la red interna o de Internet.

Una red corporativa puede aprovechar WMS para llevar a cabo videoconferencias sin la necesidad de utilizar otra aparatología más específica. Asimismo, es posible grabar presentaciones de audio y video para que sean reproducidas en otro momento. WMS, incluso, puede ser una excelente herramienta para entrenamiento de personal.

Empresas que hospedan sitios *web* o servicios de ISP pueden utilizar WMS para ofrecer a sus clientes servicios de reproducción multimedia a través de la Red. Si bien de menor calidad debido al menor ancho de banda que hay en Internet, comparado con el de una *intranet*, todavía es factible llevar a cabo audio y videoconferencias y, además, almacenar y enviar presentaciones e informes de prensa inmediatamente de que éstos hayan ocurrido.

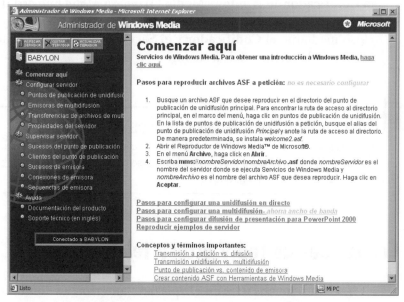

*Mediante este administrador puede transformar su equipo Windows 2000 en un servidor de aplicaciones multimedia.*

Windows 2000 Server provee, adicionalmente, herramientas para crear archivos ASF (*Advanced Streaming Format*), los que contienen los datos que WMS usa para crear los archivos de flujo.

Los servicios de Windows Media no se instalan de manera predeterminada con Windows 2000 Server, pero puede elegirlos, si ha seleccionado la opción de **Instalación personalizada**, o instalarlos en cualquier otro momento, mediante el **Asistente para agregar componentes de Windows** que se invoca desde **Agregar o quitar programas** del Panel de Control.

Una vez instalado, accede al **Administrador de Windows Media** desde **Programas/Herramientas administrativas** del menú del botón **Inicio**. A diferencia de todos los otros servicios, que se manejan desde consolas de Microsoft Management Console, WMS se gestiona desde el **Administrador de Windows Media**, que posee una interfase HTML.

A modo de un Asistente, este administrador no sólo lo guiará en la configuración de un servidor de archivos de *streaming*, sino que también le ofrecerá información sobre las diferencias entre transmisión a demanda y difusión (*unicasting* y *multicasting*), ejemplos de configuración, etc.

Además del servidor de Windows Media, se instalará la herramienta **Codificador de Windows Media** (*Windows Media Encoder*) que permite convertir un archivo de audio o video en un archivo de *streaming*. Incluso mediante el **Codificador y el Servidor** es posible enviar archivos MP 3 con la técnica del *streaming*.

---

MÁS DATOS

**CÓMO CONSEGUIR EL REPRODUCTOR DE WINDOWS MEDIA**
Para usar los servicios de Windows Media, los clientes deben tener instalado el **Reproductor de Windows Media**, que se puede bajarse gratis de www.microsoft.com/windows/mediaplayer/download.

---

# Conexiones de red y acceso telefónico

Tal como hemos visto en el apartado anterior, las comunicaciones a través de la red y de Internet han recibido un gran impulso por parte de los desarrolladores de Windows 2000. En este apartado nos referiremos más a las conexiones telefónicas.

*Esta carpeta de sistema es algo así como la central de comunicaciones de Windows 2000.*

Vimos un somero repaso de las opciones de conexión, entre las cuales está el servidor de Acceso Remoto. Ampliaremos un poco más y nos dedicaremos fundamentalmente a la configuración de una conexión telefónica a Internet.

## El Asistente para la conexión en red

Windows 2000 ha concentrado todas las funciones de conectividad –separadas en versiones anteriores– en la carpeta de **Sistema Conexiones de red y de Acceso telefónico**. Para acceder a ella, búsquela en el submenú **Configuración** del menú del botón **Inicio**. También la encontrará en el Panel de Control.

La primera vez que ingrese a ella, el **Asistente para conexión en red** se abrirá automáticamente. Luego puede invocarlo desde el ícono **Realizar conexión nueva**.

La primera pantalla del Asistente, muy semejante a la que vimos al hablar de ernrutamiento y acceso remoto, le ofrece las opciones de crear conexiones a una red telefónica privada, a Internet, a una red privada virtual, y a permitir llamadas entrantes y conexiones directas, vía cable paralelo o serie o conexión infrarroja. Vamos a tomar como ejemplo a la conexión a Internet, porque contiene la mayor cantidad de opciones comunes.

## Crear una conexión a Internet — PASO A PASO

**1** Abra la carpeta **Conexiones de red y Acceso telefónico**, haciendo doble clic en su ícono en el Panel de Control o seleccionando su opción en el submenú **Configuración** del menú del botón **Inicio**.

**2** Haga doble clic en **Realizar conexión nueva**. En la primera pantalla del Asistente, oprima **Siguiente**.

**3** Chequee **Acceso telefónico a Internet**. Oprima **Siguiente**.

**4** Chequee **Deseo configurar manualmente mi conexión a Internet**. Oprima **Siguiente**.

**5** Chequee **Tengo acceso a Internet por medio de una línea telefónica y un módem**. Oprima **Siguiente**.

**6** Ingrese el número de teléfono de su ISP. Si usa código de área, chequee el casillero correspondiente e ingrese la información solicitada. Oprima **Siguiente**.

**7** Ingrese su número de usuario y contraseña. Se los debe haber provisto su ISP. Oprima **Siguiente**.

**8** Asigne nombre a su conexión. Oprima **Siguiente**.

**9** Si no desea aprovechar para configurar su cuenta de correo electrónico, chequee el botón correspondiente. Oprima **Siguiente**.

**10** Si chequea el casillero **Seleccione este cuadro para conectarse a Internet...**, al cerrar el Asistente, comenzará la tarea de marcado. Oprima **Finalizar**.

Para comenzar su conexión a Internet, deberá arrancar un programa que la necesite (vea el Capítulo2, **Cambios y mejoras en la interfase**) o abrir la carpeta **Conexiones de red y Acceso telefónico** y hacer doble clic en el ícono de la conexión.

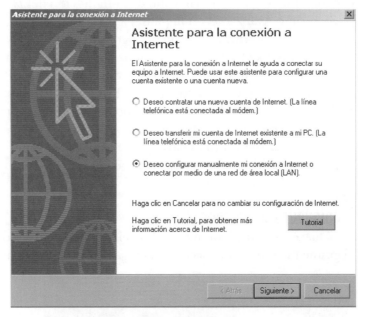

*El **Asistente para la conexión a Internet**, distinto de otros, tiene opciones que no están habilitadas aún en la Argentina.*

Las otras dos opciones que le ofrece el Asistente (**Deseo contratar una nueva cuenta de Internet** y **Deseo transferir mi cuenta de Internet existente a mi PC**) se basan en el mismo principio: los **Servicios de Referencia de Microsoft** (*Microsoft Referall Services*). Usted llama desde el Asistente mediante un número especial predeterminado según su localidad y, al conectarse, el sitio le enviará una lista de proveedores de servicios de Internet con las instrucciones para suscribirse a ellos y obtener una cuenta.

Comunicaciones 8

## UN DATO IMPORTANTE

Al cierre de este libro, el Servicio de Referencia de Microsoft no poseía información ni listados de ISPs que se pudiesen bajar al equipo, por lo que la única alternativa es la configuración manual.

Si elige **Deseo configurar manualmente mi conexión a Internet o conectar por medio de una red de área local (LAN)**, la primera pantalla le pedirá que ingrese información e configuración del *proxy*, si lo posee.

Si oprime **Avanzadas** en la pantalla en la que se le solicita el número telefónico del ISP, la caja de diálogo que se abre le permitirá elegir el tipo de protocolo de conexión utilizado por su ISP y la forma de inicio. Si necesita un archivo de comandos (*script*), su ISP debería proveerle uno. Chequee el botón **Use archivo de comandos...** e ingrese el *path* y nombre de archivo en el campo **Secuencia de comandos** o ubíquelo mediante el botón **Examinar**.

El índice **Direcciones** es para que ingrese la dirección IP, si su ISP le asignó una estática, o para dejar que se seleccione automáticamente.

## Propiedades de la conexión

Si hace clic con el botón derecho del *mouse* en el ícono de la conexión y oprime `Propiedades`, accede a la hoja de Propiedades de la conexión.

*Desde esta hoja de Propiedades, usted puede modificar todos los parámetros de funcionamiento de una conexión.*

El índice **General** le permite modificar tanto los números telefónicos como los códigos de área, si lo necesita. Adicionalmente, puede agregar números telefónicos alternativos si el principal está ocupado o fuera de línea. También es factible modificar las reglas de marcado y modificar la configuración del módem (vea más adelante).

En el índice **Opciones**, los casilleros de chequeo sirven para mostrar u ocultar la caja de diálogo que aparece al iniciar la conexión. Mediante contadores puede determinar cuántos intentos de marcado (si da ocupado o la línea no está en buenas condiciones) va a desear que se hagan antes de abandonar y cuánto tiempo debe pasar entre uno y otro.

En **Seguridad**, no sólo puede configurar las opciones de seguridad de la conexión, sino también abrir una ventana de terminal que le muestre el progreso de la conexión o sus mensajes de error y editar o cambiar el archivo de comandos que eventualmente necesite para completar la conexión a su servidor.

**Funciones de red** le muestra el tipo de servidor y el protocolo al que se está llamando y lista los protocolos, clientes y servicios que se activarán en esta conexión. Seleccionar uno de los elementos listados y oprimir **Propiedades** le permitirá configurar cada uno de los componentes por separado.

Finalmente, **Compartir**, como vimos en el apartado anterior, permite configurar a esta conexión para ser compartida por otros usuarios de la red.

## Opciones de teléfono y módem

El otro aspecto de la conexión telefónica tiene que ver principalmente con el *hardware*, aunque involucra, además, los protocolos que permiten que las conexiones telefónicas y el módem, específicamente, estén al servicio no sólo del sistema operativo sino también de las aplicaciones que puedan hacer uso de esos recursos.

En el Panel de Control hay un ícono llamado **Opciones de teléfono y módem**. Haga doble clic en él para acceder a la hoja de Propiedades de **Opciones Teléfono y módem**.

El primer índice, **Reglas de marcado**, le permite establecer distintas configuraciones telefónicas de acuerdo al sitio desde el cual llama. Oprima **Nueva** y la hoja de Propiedades de **Nueva ubicación** aparecerá para permitirle ingresar los parámetros de comunicación. Entre ellos se encuentran los números que hay que marcar para acceder a una línea externa; en caso de llamar a través de un conmutador; y a la

**Comunicaciones 8**

llamada internacional; el código que deshabilita la llamada en espera –una segunda llamada entrante puede cortar la primera conexión–; y si se usa una tarjeta telefónica.

SUGERENCIA

### CONFIGURACIÓN CON DISTINTAS REGLAS

Si es un usuario móvil, obligado a cambiar reglas de marcado con frecuencia, puede configurar una misma conexión con distintas reglas. En la carpeta **Conexiones de red y de Acceso telefónico**, haga clic con el botón derecho del *mouse* en la conexión principal y seleccione **Crear copia**. Repita el procedimiento las veces que necesite por cada regla distinta. Luego haga clic con el botón derecho en cada copia, seleccione **Propiedades** del menú contextual y, en el índice **General**, activando el uso de las reglas de marcado y oprimiendo el botón **Reglas**, seleccione de la lista la que corresponda. Repita el procedimiento para cada nueva o distinta ubicación. Luego, sólo tiene que recurrir a la conexión indicada.

En el índice **Módems** va a ver listados los módems que tiene su equipo –si hay más de uno– y podrá agregar más o quitar el que no desee conservar. Seleccione uno y oprima **Propiedades**. La hoja de Propiedades que se abre le permitirá cambiar configuraciones de su módem.

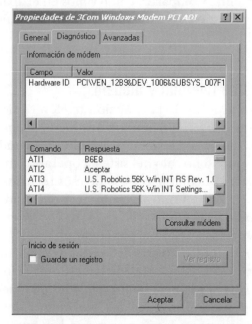

*Esta caja de diálogo le permite enviar códigos de diagnóstico a su módem para ver si está correctamente instalado.*

En el índice **General**, regula el volumen del parlante integrado al módem y la velocidad máxima de conexión del puerto del módem a la computadora. **Diagnóstico** le ofrece dos tipos de información. En el panel superior, aparecerá información de identificación y de registro de su módem. Si oprime el botón **Consultar módem**, el sistema operativo enviará una serie de comandos AT al módem que le permitirán saber si la conexión entre el módem y la computadora -o más precisamente, entre el sistema operativo y el controlador del módem- actúa correctamente. En **Avanzadas**, entre otras cosas, puede añadir un comando de inicialización si el módem lo necesita.

El índice **Avanzada** de la hoja de Propiedades **Opciones de teléfono y módem**, le dará acceso a una lista de proveedores (protocolos) de telefonía instalados en la computadora. Éstos son los que darán la oportunidad a otras aplicaciones de usar las prestaciones de telefonía de Windows. Vimos algo, más arriba, en **Interfase de Programación de Telefonía**.

**Agregar** y **Quitar** son dos botones con los cuales se adicionan o eliminan nuevos protocolos. En algunos casos seleccionar un protocolo habilita el botón **Configuración**. En ese caso, usted accede a una caja de diálogo que le permitirá modificar o editar la configuración de un protocolo específico.

# Administración de servicios de Internet

El "corazón" de los servicios de Internet de Windows ha sido siempre **Internet Information Server (IIS)**, que apareció por primera vez en Windows NT 3.51. La versión de IIS que viene con Windows 2000 es la 5.

La diferencia principal entre esta versión y las anteriores, además de su mejora de performance y de prestaciones, es la presencia de Asistentes que permiten una configuración más fácil de tareas difíciles como la creación de certificados o la asignación de permisos.

Si no lo ha hecho durante la instalación de Windows 2000 –recordemos que IIS se instala de manera predeterminada a menos que se le quite el chequeo durante una instalación personalizada–, puede incorporar IIS desde el **Asistente para agregar componentes de Windows** que se invoca desde **Agregar o quitar programas** del Panel de Control.

INSTALACIÓN DEL IIS SOBRE UNA ACTUALIZACIÓN DEL SISTEMA OPERATIVO
Si actualiza Windows 2000 sobre un sistema operativo anterior, Internet Information Services sólo se instalará si estaba previamente instalado en el sistema operativo anterior.

Se recomienda, antes o después de la instalación de IIS, instalar y configurar DNS, para poder utilizar nombres "amigables" dentro de la red. Y si la seguridad es una preocupación fundamental, hay que instalar el servidor en una partición con NTFS.

La manera en que ha sido diseñado IIS hace que esté íntimamente ligado al sistema operativo. Es por esto que debe cambiar algunos parámetros del funcionalismo del sistema operativo, si desea configurar especialidades. Por ejemplo, Windows 2000 viene configurado en forma predeterminada como servidor de archivos. Si quiere que su sistema sea un servidor *web*, tiene que configurar Windows como un servidor de aplicaciones.

Haga lo siguiente:

> **Configurar Windows como servidor de aplicaciones    PASO A PASO**

**1** Haga clic en **Configuración/Conexiones de red y acceso telefónico** del menú del botón **Inicio**.

**2** Haga clic con el botón derecho del *mouse* en **Conexión de área local** y seleccione **Propiedades** del menú contextual.

**3** Seleccione **Compartir impresoras y archivos para redes Microsoft** y oprima el botón **Propiedades**.

**4** Chequee el botón **Maximizar el rendimiento para aplicaciones de red** y oprima **Aceptar** las dos veces que necesita para cerrar ambas hojas de Propiedades.

**5** Cierre la ventana **Conexiones de red y acceso telefónico**.

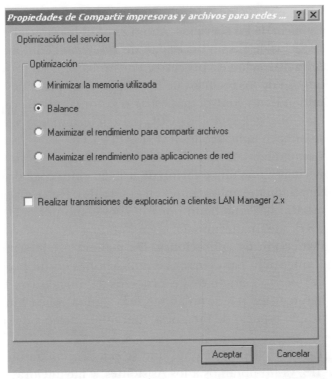

*Windows 2000 le permite configurar distintas formas de manejo de memoria y de procesos, para determinar el mejor rendimiento.*

## Características de Internet Information Services

La nueva versión de IIS viene con prestaciones nuevas con respecto a versiones anteriores, más algunas de las que ya tenía, que aquí se han mejorado.

Un breve listado tentativo de las nuevas prestaciones que incluye:

- **Autenticación por extracto (*Digest authentication*)**. Un nuevo mecanismo de encriptación basado en la transformación de la información en un "picadillo" (*hash*) de datos ininteligibles, llamado *message digest*, que sólo se vuelve a descifrar en el servidor.
- *Server-gated Criptography* **(SGC)**. Es una extensión del protocolo de seguridad SSL que permite extender certificados SGC para usar algoritmos de encriptación de 128 bits.
- **Fortezza**. Nombre aplicado al estándar de seguridad aplicado por el Gobierno de los Estados Unidos, que permite criptografía en el ser-

vidor, el *browser* e, incluso, tarjetas PCMCIA.

- **Reinicio de los servicios**. Ahora es posible reiniciar cualquiera de los servicios de IIS sin necesidad de *rebootear* el equipo.
- **Administración de procesos**. Por un lado, IIS 5 provee información del uso de los recursos de la máquina por parte de un sitio *web*, permitiendo un control más estricto y, por el otro, la capacidad de limitar el uso del tiempo de CPU para determinados sitios, en los cuales se utilicen aplicaciones ASP, ISAPI y CGI.
- **Compatibilidad con *Terminal Services***. Los Servicios de Terminal permiten que una estación de trabajo chica o sin disco pueda correr directamente aplicaciones en el servidor. Esta capacidad hace que el usuario navegue tanto por Internet como por la administración de IIS desde una terminal.
- **Protección de aplicaciones**. De manera predeterminada, IIS viene configurado para correr las aplicaciones en un proceso único (*pooled*) pero separado de los procesos del núcleo (*core*) de IIS. Sin embargo, usted puede aislar aun más alguna aplicación, asignándole su propio espacio de memoria, fuera del núcleo y del *pool*.

Entre otras prestaciones que se pueden encontrar en esta versión de IIS, ya nombramos a los Asistentes, y hay mejoras aplicadas a ASP, la conexión directa con Kerberos como sistema de seguridad nativo de Windows (vea el Capítulo 9, **Seguridad**), almacenamiento encriptado de certificados, mensajes de error personalizados, compresión HTTP y la posibilidad, para autores remotos, de administrar sitios sobre HTTP.

## Sitios web y FTP en el servidor

Al instalarse, IIS crea dos sitios *web* (el predeterminado y el de administración), un servidor FTP y uno SMTP. Todos ellos aparecerán como subramas del servidor de IIS. Las carpetas locales que contienen los archivos correspondientes son \Inetpub\Wwwroot para el sitio *web* predeterminado y \Inetpub\Ftproot para el servidor FTP, ambas en la unidad de instalación de Windows.

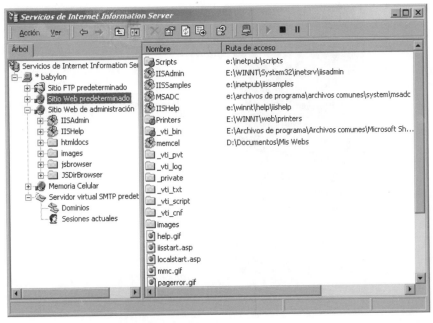

*La consola de **Administración de Servicios de Internet** es la interfase mediante la cual usted se comunica con Internet Información Services, que le permite configurar cada uno de los elementos de una conexión intranet e Internet.*

Para crear rápidamente un sitio *web* en su servidor, que puede usar como página de inicio, cree una página *web* con su editor preferido, déle el nombre de `Default.htm` (`Default.asp` si es una página dinámica) y cópiela en la carpeta local. Lo mismo puede hacer si copia archivos a su carpeta local de FTP, los que estarán a disposición de quien los requiera.

Luego, si tiene DNS activo, puede acceder a ella con `http:// su _servidor/default.htm` donde `su_servidor` es el nombre de su equipo –alternativamente puede usar `localhost` como nombre del servidor–, en el caso de la página *web* o mediante `ftp://su_servidor`, si quiere ingresar en el directorio de archivos.

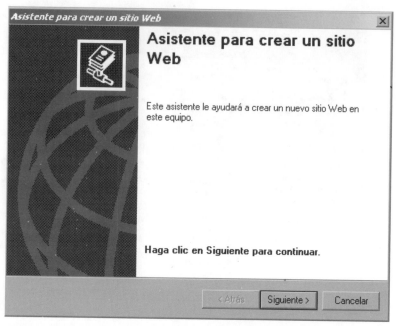

*IIS tiene, como nueva característica, la abundancia de Asistentes para guiarlo por las distintas tareas de administración de servicios de Internet.*

Para agregar sitios, administrarlos, configurar en general los servicios de Internet, debe ingresar a la consola de administración de IIS. Accede a ella desde **Programas/Herramientas administrativas/Administrador de Servicios Internet**.

Para añadir un sitio *web* a su servidor, haga lo siguiente:

## Agregar sitios *web* al Servidor — PASO A PASO

**1** Haga clic en **Programas/Herramientas administrativas/Administrador de servicios de Internet**.

**2** Seleccione el servidor y haga clic con el botón derecho del *mouse*. En el menú contextual haga clic en **Nuevo/Sitio Web**.

**3** En el **Asistente para crear un sitio Web**, oprima **Siguiente**.

**4** Escriba el nombre de su sitio. Oprima **Siguiente**.

**5** Ingrese la dirección IP que va a asignar al sitio, el puerto –el puerto 80 suele ser el predeterminado en sitios *web*– y, opcionalmente, el encabezado de *host*. Oprima **Siguiente**.

**6** Ingrese el *path* y nombre de la carpeta que alberga su sitio *web*. Oprima **Examinar** si desea buscarlo mediante una caja de diálogo a tal efecto. Oprima **Siguiente**.

**7** Chequee todos los permisos de acceso que le parezcan convenientes para mantener la seguridad de su sitio *web*. Oprima **Siguiente** y **Finalizar**, para terminar el procedimiento.

El **encabezado de host** es una manera de asignar nombres a un sitio cuando se hospedan varios en un mismo servidor (vea más adelante).

Si da permisos de escritura y ejecución de todo tipo de programas, aparecerá una caja de diálogo para advertirle que está dando demasiados permisos y le preguntará si desea o no confirmar la asignación.

En principio, cada sitio que se agrega al servidor, "hereda" las opciones de seguridad, autenticación, límite de visitas, etc., del sitio *web* predeterminado. Sin embargo, usted puede modificar la configuración tanto del sitio predeterminado como del que acaba de crear, si hace clic con el botón derecho del *mouse* en el nombre del sitio y selecciona **Propiedades** del menú contextual.

Comunicaciones 8

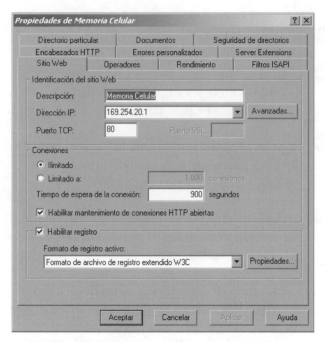

*Esta hoja de Propiedades contiene todos los parámetros
pasibles de ser configurados en relación con un sitio web.*

En el índice **Sitio Web**, entre otras cosas, puede agregar el encabezado de *host*, si no lo hizo en el Asistente, oprimiendo el botón **Avanzadas**. En este índice también puede limitar el número de conexiones simultáneas y habilitar un archivo de registro.

En **Operadores** usted determina qué grupo de usuarios puede acceder al sitio con privilegios de operador. En **Rendimiento** puede limitar el ancho de banda y el uso de CPU del sitio, así como regular el rendimiento en base a la cantidad de visitas esperadas.

Un filtro ISAPI es un programa que responde a eventos durante el procesamiento de una petición HTTP. El índice **Filtros ISAPI** le permite, entonces, añadir y configurar los que necesite. En **Encabezados HTTP** puede activar el ciclo de caducidad del contenido, agregar encabezados no estándar, asignar calificaciones al sitio y definir los tipos MIME que éste puede manejar.

Cuando el *browser* encuentra un error (sitio no encontrado, acceso prohibido, etc.), muestra un mensaje. El índice **Errores personalizados** le permite diseñar sus propios mensajes de error. **Server Extensions** suele tener que ver, especialmente, con las extensiones FrontPage, que permiten utilizar capacidades exclusivas de ese programa. En este índice puede habilitar la autoría remota, hacer control de versiones, saber cómo enviar los mensajes de correo electrónico ante cualquier eventualidad, etc.

HAY QUE SABERLO

## EXTENSIONES DEL SERVIDOR FRONTPAGE

Las Extensiones del Servidor FrontPage (*FrontPage Server Extensions*) permiten que un sitio utilice capacidades específicas brindadas por esta aplicación, tales como el uso de *webbots*, administración de sitios mediante una interfase gráfica o la administración remota de sitios, entre otras cosas. Para instalarlas, debe hacer clic con el botón derecho del *mouse* en el nombre del servidor y seleccionar **Todas las tareas/Configure Server Extensions**. Un Asistente lo guiará.

En **Directorio particular**, usted define qué carpeta o recurso de red será al que almacena la información del sitio y puede modificar la configuración de la ejecución de las aplicaciones y de los permisos de escritura y ejecución. **Documentos** permite definir qué nombres de archivo serán considerados como predeterminados, es decir qué archivo se abrirá automáticamente cuando se ingrese sólo el nombre de dominio del sitio. También podrá definir un documento para que aparezca como pie de página en cada página del sitio que se invoque.

Finalmente, **Seguridad de directorios** le posibilitará habilitar el control de acceso, permitiendo el ingreso de usuarios anónimos o sólo con nombre y contraseña. También puede restringir el ingreso a ciertas direcciones IP mediante una caja de diálogo que incluye/excluye direcciones. En el panel inferior tendrá la posibilidad de abrir el **Asistente de Certificado de Servidor Web**, el que le permitirá asignar un certificado de seguridad al sitio.

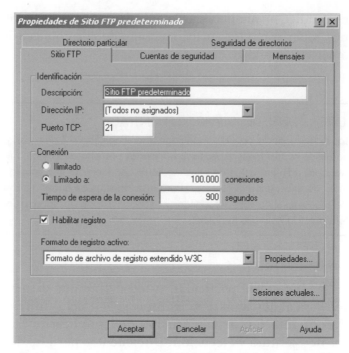

*Aunque un poco más simple, la hoja de Propiedades de un sitio
FTP le da total control sobre la configuración.*

Para agregar y configurar sitios FTP, el procedimiento es bastante
semejante al de agregar sitios *web*. El **Asistente para crear un sitio FTP**
aparece haciendo clic en **Nuevo/Sitio FTP** del menú contextual del
servidor.

Si hace clic con el botón derecho en el nombre del servidor FTP y
selecciona **Propiedades** del menú contextual, podrá acceder a la hoja
de Propiedades. En **Cuentas de seguridad**, determina si el acceso al sitio puede ser anónimo o restringido sólo a un grupo de usuarios. En
**Mensajes**, puede ingresar un mensaje de bienvenida y otro de despe-
dida que aparecerán ante los ojos del usuario que ingrese al sitio. El
resto de las solapas comprenden parámetros de configuración semejantes a lo que ya hemos visto.

Cada una de las propiedades de un sitio se almacenan en una base
de datos llamada **metabase**.

## Administración de sitios

Ya sea en una *intranet* como en Internet, usted puede crear varios sitios *web* y FTP en una misma computadora, llevando a cabo algunos de estos procedimientos:

- Agregando números de *port* a la dirección IP.

- Usando varias direcciones IP, cada una vinculada a una plaqueta de red separada.

- Asignando múltiples normes de dominio y direcciones IP a un solo adaptador de red usando encabezados de *host*.

Cambiando cada uno de los identificadores (*port*, IP y encabezado de *host*) se pueden administrar múltiples sitios. Es posible que cada uno de los sitios aparente estar en un servidor distinto porque puede ser configurado con sus propios permisos de acceso y administración.

Usando **distintos números de port** se pueden tener muchos sitios con una sola dirección IP. Para ingresar al sitio se debe, entonces, agregar a la dirección IP estática, el número de puerto, por ejemplo **169.254.20.01:1050**. La desventaja de este sistema es que no permite nombres "amigables".

Para usar **múltiples direcciones IP**, primero hay que agregar el nombre del *host* y su número IP a DNS. Luego los clientes podrán escribir en sus *browsers* el nombre del sitio para ingresar en él. Para usar múltiples direcciones IP, usted necesitará **una plaqueta de red por cada dirección IP nueva** que añada al sistema.

Si usted usa **encabezados de host**, puede hospedar múltiples sitios con una sola dirección IP estática. De todos modos habrá que agregar el nombre del *host* a DNS. Una vez que el nombre está añadido, un cliente puede solicitar el sitio e IIS usará el encabezado de *host* para determinar qué sitio se está reclamando.

Las desventajas de este sistema son, en primer lugar, que si usted está utilizando SSL (*Secure Sockets Layer*), no podrá usar los encabezados de *host* porque están encriptados; en segundo lugar, sólo los *brow-*

**Comunicaciones** 8

*sers* de las versiones más nuevas (Internet Explorer 3 y Netscape Navigator 3 en adelante) soportan encabezados de *host*.

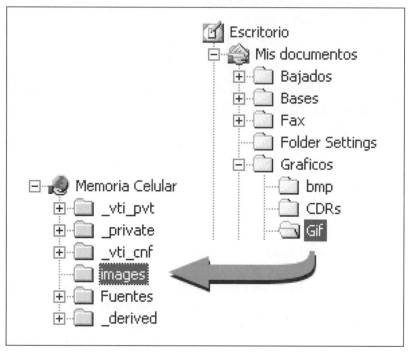

*Un directorio virtual permite ensamblar varias carpetas de distinto orígenes en un solo sitio.*

Otra de las prestaciones que viene bien al tema de los múltiples sitios es la llamada **directorio virtual**. Cuando se diseña un sitio *web* se estructura en una serie de directorios y subdirectorios.

Cuando se añade un sitio a IIS, tal como vimos más arriba, se define la carpeta en la que se almacena el sitio. La carpeta principal toma, entonces el nombre de **directorio raíz** o *home directory* del cual dependen todos los subdirectorios del "esqueleto" del sitio.

En ocasiones hay archivos e información almacenada en otros directorios fuera del raíz. Para que éstos estén disponibles dentro de un sitio, se los añade como directorios virtuales.

El directorio virtual aparece, ante los clientes, como si fuera parte del principal. Como generalmente tienen un alias, es más fácil para los clientes ingresar el nombre, por un lado, pero además, no permite saber exactamente el verdadero lugar físico, por lo que un directorio virtual es intrínsecamente seguro. Más aun, si quiere, más adelante, mover el directorio a otro sitio, los clientes no perderán el contacto ya que el alias sigue siendo el mismo.

Para crear un directorio virtual, todo lo que tiene que hacer es clic con el botón derecho en el servidor y seleccionar **Nuevo/Directorio virtual**.

El Asistente que se abre es muy semejante al de añadir un sitio.

HAY QUE SABERLO

## PROCEDIMIENTOS SIMILARES

El mismo sistema para crear, publicar y administrar un sitio en la red interna se puede usar para crear sitios para Internet. En este caso, deberá consultar con el ISP para determinar qué tipo de conexión se hará y qué direcciones IP le corresponden y deberá, además, registrar nombres de dominio en InterNIC.

El servidor *web* se puede administrar en forma local, tal como lo hemos visto hasta ahora, o de forma remota.

Dentro de una *intranet*, puede usar el *snap-in* de la consola que estuvo usando hasta ahora. Oprima el botón **Agregar un equipo a la lista**.

En la caja de diálogo que se abre, ingrese el nombre del equipo a administrar y oprima **Aceptar**.

8

Comunicaciones

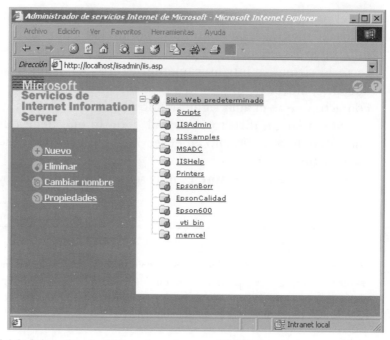

*El **Administrador de sitios web** en formato HTML le permite manejar servidores
en forma remota desde cualquier lugar de la red, incluso de Internet.*

Pero si desea administrar desde Internet o a través de un servidor
*proxy*, deberá usar el **Administrador de Servicios de Internet** en versión HTML. En ese caso, lo primero que debe hacer es habilitar el
acceso mediante un sitio *web*. En el **Administrador de Servicios de
Internet**, haga clic con el botón derecho en el **Sitio predeterminado
de Administración** y seleccione **Propiedades** del menú contextual.
Tome nota del **Puerto TCP** en el índice **Sitio Web** y haga clic en la
solapa **Seguridad de directorios**. En el panel **Restricciones de nombre de dominio y dirección IP**, oprima **Modificar** para ingresar las
direcciones IP de las computadoras desde las cuales es posible administrar IIS.

Para acceder al administrador *web*, usted tiene dos opciones. Ingrese en la Barra de Direcciones de su *browser*:

- `http://dominio:port`, donde `dominio` es el nombre del equipo
  –o del dominio– en el que se encuentra el sitio de administración
  y `port`, el número de puerto del sitio de administración.

- `http://dominio/iisadmin`, donde `dominio` es el nombre del equipo –o del dominio– en el que se encuentra el sitio de administración e `iisadmin` es el nombre predeterminado del sitio de administración.

La segunda opción es la preferida cuando se ingresa desde sitios remotos, especialmente si se tienen privilegios de administración y se entra por Internet.

## DOCUMENTACIÓN HTML

El Administrador de Servicios de Internet viene con abundante documentación en formato HTML. Si quiere acceder a ella, ingrese en la barra de direcciones de su browser `http://localhost/iishelp/iis/misc/default.asp`. Localhost es un nombre genérico para indicar el servidor *web* local; puede reemplazarlo por el nombre de su propio servidor.

# SEGURIDAD

Donde se da un vistazo a los mecanismos, protocolos y tecnologías de seguridad que utiliza Windows 2000.

Capítulo **9**

# Nuevas tecnologías de seguridad

El desafío para un administrador de una red es mantener la información siempre disponible para los usuarios autorizados y, al mismo tiempo, no disponible para aquellos que no lo están.

Windows 2000 implementa muchas de las más nuevas tecnologías de seguridad que hay en el mercado. Entre ellas, los certificados y claves, protocolos de autenticación como Kerberos, soporte para *smart cards* y sistema de cifrado de datos. Vamos a hacer un pantallazo de cada una de estas tecnologías.

# Claves públicas y privadas

Toda transacción de negocios requiere que cada parte esté segura de la identidad de la otra. La firma, en el caso de una tarjeta de crédito, por ejemplo, es una forma de validación ya que es teóricamente imposible que otra persona haga la misma firma que uno.

Hasta hace relativamente poco tiempo la seguridad no era un tema considerado ya que las redes estaban aisladas del exterior y todo usuario que se loguease en ella debía estar físicamente en el mismo edificio. Así, la autenticación de usuarios basados en su dirección IP y/o dominio era más que suficiente.

Sin embargo, en estos últimos años, la red se hizo cada vez más virtual en esencia y la conexión con el mundo exterior, vía Internet o satélite o cualquier otro medio, se hizo más la regla que la excepción. Asimismo, el par nombre de usuario/palabra clave –que generalmente viaja por la red encriptado– suele ser útil para identificar al usuario, pero no al servidor.

Para resolver esta omisión, se creó el par **clave pública**/**clave privada**. Estas claves están relacionadas entre sí, pero no hay manera de que se pueda extraer información de la otra a partir de una. Como su nombre lo indica, la **clave pública** es la que el usuario envía a todos sus destinatarios. Utilizándola, el que envía un mensaje puede encriptar la información. La única manera de desencriptarla es con la **clave privada**, que sólo obra en poder del usuario.

Como estas claves tienen una relación especial, no se puede encriptar el mensaje con la clave pública y desencriptarlo con la misma. Al mismo tiempo, la pública puede servir para enviar una firma digital que obre como identificación positiva. Veamos un ejemplo para ver cómo funciona:

Alfredo necesita mandarle a Elena cierta información. Por el camino, cualquiera podría interceptar el mensaje, cambiar el contenido, por lo cual, lo que Elena recibe, no sería válido. Alfredo utiliza la clave pública de Elena para cifrar el mensaje y su propia clave pública para insertar una firma digital que certifique que el mensaje fue enviado por Alfredo. Mientras el mensaje viaja, cualquiera puede tratar de usar la clave pública de Elena pero no podrá descifrar el mensaje. Cuando Elena lo recibe, lo desencripta usando su clave privada. Elena está segura de que el mensaje está inalterado porque ha venido cifrado y que, efectivamente, fue enviado por Alfredo porque ahí está su firma digital.

*Un certificado expedido por una autoridad confiable (izquierda) provee las claves (derecha) para cifrar los mensajes, contraseñas, etc.*

Cualquiera que posea el *software* adecuado puede generar claves públicas y privadas. Pero para que este procedimiento funcione, debe haber alguna organización que garantice que las claves públicas y privadas sean auténticas. Éstas son las **Autoridades de Certificación** (AC). Estos organismos certifican que los pares de claves están asociados a una persona o a una asociación o entidad válida. Mantienen una copia de la clave pública y una lista de los certificados extendidos. Como es obvio, las AC deben ser organizaciones en las que se confía para llevar a cabo esta autentificación. La más conocida de ellas es VeriSign.

# El protocolo Kerberos

El protocolo **Kerberos** es un estándar de autenticación de Internet y Windows 2000 soporta su versión 5. Se ha constituido en el protocolo nativo de autenticación de Windows 2000, cada servidor Active Directory tiene corriendo automáticamente el servicio **Kerberos Key Distribution Center**, y todos los sistemas Windows 2000 soportan el protocolo como clientes.

MÁS DATOS

### TICKET DE IDENTIFICACIÓN

Cada usuario que se loguea en un sistema Windows 2000 recibe un *ticket,* una especie de entrada que le permite ser identificado y acceder a los recursos de la red que esa entrada le asigna. La información del *ticket* está cifrada y contiene tanto la información de la identidad como la de autentificación.

El *ticket*, así como valida el usuario frente a un determinado recurso, también valida el recurso frente al usuario. De esa manera, no sólo no es necesaria la autenticación ante cada paso del usuario, es decir, ante cada recurso accedido, sino que tampoco es posible usurpar una identidad.

Al ser Kerberos un estándar de Internet, se facilita la administración en el caso de redes heterogéneas, no sólo porque no es necesaria una infraestructura especial para soportarlo sino porque cualquier cliente o servidor que soporte Kerberos puede participar. Los administradores no necesitan saber exactamente cómo funciona Kerberos ya que éste es manejado transparentemente por el sistema operativo.

Seguridad 9

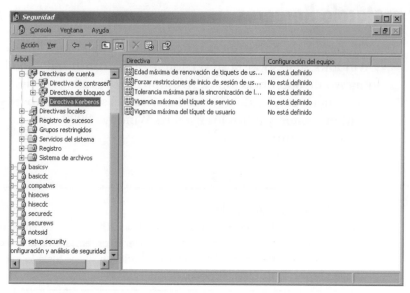

*El* snap-in *de seguridad permite configurar la vigencia de los* tickets *de Kerberos.*

Kerberos es ofrecido, además, a los desarrolladores y aplicaciones para que hagan uso de sus prestaciones a través de **SSPI** (*Security Support Provider Interface*). SSPI ofrece una API para crear conexiones autenticadas. Los métodos de autenticación permanecen ocultos por lo que el desarrollador puede elegir otras SSPI sin problemas de compatibilidad. En otras palabras, así como Windows 2000 viene con la SSPI de Kerberos, otros sistemas de seguridad que ofrezcan SSPI pueden ser utilizados.

# Administración de seguridad

Muchos aspectos de la seguridad de Windows 2000 dependen de certificados. El *snap-in* **Certificados** es la herramienta que se usa para administrar las claves y para especificar en qué autoridades se confía. Cualquier certificado y su clave asociada se manejan desde este *snap-in*.

## SI EL SNAP IN **CERTIFICADOS** NO SE ENCUENTRA A MANO

**1.** Cree una consola ingresando mmc en la caja de diálogo **Ejecutar** del menú del botón **Inicio**.

**2.** Haga clic en la opción **Agregar o quitar complemento del menú Acción**.

**3.** Oprima el botón **Agregar** en el índice **Independiente**, seleccione **Certificados** y pulse **Agregar**.

**4.** Chequee el botón **Cuenta de equipo**, oprima **Siguiente**, chequee **Equipo local** y pulse **Finalizar/Cerrar/Aceptar**.

**5.** Defina las opciones desde el menú **Consola** y guárdela con un nombre.

Para más información, vea el Capítulo 3, **Microsoft Management Console**.

Muchas aplicaciones de Microsoft, incluyendo Internet Explorer, almacenan información de seguridad en el Registro, así como en ocasiones también buscan esta información en el Registro. Como Windows 2000 viene nativamente preparado para soportar el manejo de la seguridad, las aplicaciones o servicios que la requieran pueden usar estos certificados como parte de su estructura.

El *snap-in* `Certificados` ya viene con una lista de ACs que permiten ir construyendo la directiva de seguridad. El complemento permite, también importar nuevas autoridades, así como aceptar una AC creada por usted para propósitos locales.

Mantener la seguridad de una red de máquinas, especialmente si es amplia, es difícil y por eso otra prestación del sistema de seguridad de Windows 2000 Server son las **plantillas de seguridad** (*security templates*). Esta herramienta, un *snap-in* de MMC, permite crear, editar, modificar y configurar distintas directivas de seguridad que después se aplican todas juntas a un equipo o a toda la red o a un subdominio, etc. Es muy probable que deba añadir el *snap-in* manualmente a una consola antes de usarlo.

Seguridad 9

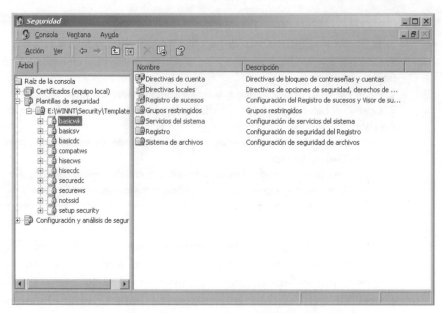

*En este* snap-in *encontrará una buena cantidad de plantillas de seguridad para configurar sus propias directivas de seguridad.*

Es factible usar las plantillas de seguridad, incluso, para analizar la seguridad de un sistema y determinar, por ejemplo, qué aspectos de éste no están de acuerdo con los protocolos de seguridad de la empresa.

La funcionalidad de este complemento es semejante al Editor de directivas de grupo pero, a diferencia de éste, lo que se modifican son plantillas que van a aplicarse luego, en lugar de activar la configuración ahora.

Windows 2000 viene con una buena cantidad de plantillas preparadas para asignar niveles bajos y altos en sistemas con Windows 2000 Pro, Server y en controladores de dominio. Asimismo es posible usar cualquiera de las plantillas como base para crear la suya propia. Así como están, existe la posibilidad de que las plantillas no cubran exactamente los aspectos particulares de su red pero siempre es mejor tener una base que empezar de cero.

SUGERENCIA

## CONFIGURACIÓN Y ANÁLISIS DE SEGURIDAD

Si instala manualmente las plantillas, le conviene añadir el *snap-in* **Configuración y análisis de seguridad**. Cree o abra una base de datos de seguridad, seleccione la plantilla que está usando su sistema y ponga al *snap-in* a analizar su sistema. Al finalizar la auditación verá cada uno de los elementos que componen su esquema de seguridad y puede, incluso, exportar los resultados a un archivo de texto para llevar un registro de los análisis.

Finalmente, hay un aspecto que Windows 2000 también considera. No todos los administradores están de acuerdo o necesitan recurrir a una entidad verificadora externa para manejar su seguridad. Una de las maneras de resolver este tema es ser su propia AC y para ello, Windows 2000 viene con el Servidor de Certificados.

Durante la instalación de Windows o desde el accesorio **Agregar o quitar programas del Panel de Control**, **Agregar o quitar Componentes de Windows**, puede instalar el **Servicio de Certificate Server**.

Durante la instalación tendrá dos o cuatro opciones para seleccionar:

- **Entidad emisora raíz de la Empresa**. Es la opción a elegir si está usando Active Directory y ésta es la primera AC de la organización.
- **Entidad emisora subordinada de la Empresa**. Si usa AD y ésta no es la primera AC, elija esta opción.
- **Entidad emisora raíz independiente**. Si ésta es la primera AC de la empresa y no está usando Active Directory.
- **Entidad emisora subordinada independiente**. Si ya tiene una estructura de AC y no usa AD.

HAY QUE SABERLO

## OPCIONES AVANZADAS

Si durante la instalación de Certificates Server chequea el casillero **Opciones avanzadas**, una caja de diálogo especial aparecerá para permitirle definir el proveedor del encriptado, el algoritmo de *hash* y la longitud de la clave, entre otros parámetros.

Seguridad 9

*Si llena correctamente esta pantalla del **Asistente de instalación
de Certificate Server** y concluye el procedimiento, puede empezar
a entregar sus propios certificados.*

El próximo paso es ingresar información de la empresa. Ésta es muy
importante ya que figurará en los certificados emitidos por el Administrador, convertido en AC. Finalmente, el Asistente le pedirá que ingrese las carpetas donde almacenar los certificados. Trate en lo posible de
que esas carpetas se encuentren en una partición con NTFS.

Luego de instalar el servicio, podrá administrar la creación y entrega de los certificados mediante el *snap-in* **Autoridad de certificación**.

# Tarjetas inteligentes (Smart cards)

En muchos casos, para algunas organizaciones, la autenticación por
técnicas de nombre de usuario y contraseña no es suficiente. Uno de
los métodos más nuevos es el de la **tarjeta inteligente** (*smart card*) que
el usuario lleva consigo. Es una tarjeta electrónica semejante a una de
crédito, con un microprocesador, que almacena información de identidad del usuario.

Cuando se entrega una *smart card*, al usuario se le asigna un **PIN**

(*Personal Identification Number*) que lo autentica frente a la tarjeta. El usuario es la única persona que conoce el PIN, el que debe ser ingresado junto con la tarjeta, para ser validado como usuario autorizado, al poseer tanto el medio físico (la tarjeta) como el conocimiento para usarla (PIN).

Al ingresar la tarjeta en el lector, el sistema operativo utilizará el protocolo Kerberos para autenticar al usuario. La información de la tarjeta y del PIN no viajan a través de la red –una vez que Kerberos entrega el *ticket* ya no es necesaria– y sí lo hacen con el usuario, el que puede loguearse desde cualquier máquina mientras posea el lector adecuado.

**MÁS DATOS**

### TARJETAS PLÁSTICAS

Una alternativa más económica la constituyen las tarjetas plásticas tipo de crédito, que poseen una cinta magnética. Esta cinta puede contener mucha información, incluyendo una clave personal, pero no poseen la capacidad de procesamiento que distingue a las tarjetas inteligentes.

Windows 2000 provee soporte nativo desde el sistema operativo para soportar tarjetas inteligentes como sistema de identificación de seguridad.

# Directivas de grupo

El tema de las **directivas de grupo** (*group policies*), por la extensión con que se usan en el entorno administrativo de Windows 2000, debería haber sido tratado en los capítulos 6, **Configuración de la red** y 7, **Active Directory**, pero preferimos incluirlo aquí porque la seguridad es, junto con la simplificación de la administración, la principal injerencia. Precisamente, utilizando los mecanismos que simplifican la administración, es posible asignar permisos y restricciones a muchos usuarios a la vez.

Las directivas de grupo forman parte principal, además, del sistema **Bajo TCO** (*Total Cost of Ownership*) que mencionamos en la introducción de este libro.

En general, la administración de directivas de grupo es resorte de los administradores de la red, así que el usuario final, tributario de la directiva, no se ve involucrado en tareas de administración.

## DIRECTIVAS DE GRUPO

Como primera definición, las directivas de grupo son un conjunto de configuraciones que se aplican sobre uno o más objetos de Active Directory. Sin embargo, también se usan para controlar los entornos de trabajo en un dominio, en una Unidad Organizacional (UO) o, simplemente, en un conjunto particular de cuentas de Usuario.

Los grupos de directivas además, tienen un cierto grado de herencia. Cuando se aplican a clases, todas las subclases son tributarias de las mismas configuraciones. Uno de los usos más comunes de las directivas de grupo es, por ejemplo, crear un Escritorio común a la empresa o a un departamento. Esto incluye un menú del botón **Inicio** personalizado, una carpeta **Mis Documentos** específica y una serie de permisos y restricciones sobre aplicaciones y archivos.

Las directivas de grupo pueden actuar sobre una variedad de componentes de la red y de objetos de Active Directory. Entre ellos:

- **Aplicaciones**. Los usuarios pueden acceder a las aplicaciones bajo dos condiciones posibles. La **asignación de aplicaciones**, en la que las aplicaciones a las que tienen acceso son instaladas y actualizadas automáticamente desde el servidor sin que el cliente tenga la opción de desinstalarlas. La **publicación de aplicaciones**, en cambio, es una serie de programas que el usuario puede utilizar, pudiendo instalarlas y desinstalarlas a voluntad; aparecen en las cajas de diálogo de **Agregar o quitar programas** en las que, por otra parte, no es posible agregar nada más.
- **Archivos**. Ciertos archivos van a aparecer siempre en las carpetas **Mis documentos** o Escritorios de las computadoras cliente.
- **Guiones** (*scripts*). Los administradores de directivas de grupo pueden especificar archivos de comandos para ser ejecutados a intervalos determinados o ante eventos particulares (arranque o cierre del equipo o de la sesión).
- **Configuración de** *software*. Los administradores pueden configurar globalmente muchas de las definiciones en perfiles de usuarios.
- **Seguridad**. El Administrador puede restringir el acceso a ciertas carpetas y archivos. También controlar parámetros como la cantidad de veces que un usuario puede ingresar una contraseña incorrecta o cuáles son los derechos y permisos para acceder a un servidor de dominio, etc.

## Conceptos básicos de las directivas de grupo

Si bien es posible crear y administrar directivas de grupo en entornos mixtos o heterogéneos, el mayor rendimiento se logra cuando la red está formada exclusivamente por Windows 2000. En este caso, la conjunción de las directivas apropiadas, combinadas con los permisos de NTFS y otras prestaciones de seguridad de Windows 2000, hacen a las directivas de grupo una de las más poderosas herramientas para administrar una red con la mínima pérdida de rendimiento.

Los parámetros de configuración de las directivas de grupo están contenidos en un **Objeto de directivas de grupo** (ODG). Uno o más ODGs pueden aplicarse a las Unidades Organizacionales, así como una o más UO pueden ser asociadas con un mismo ODG.

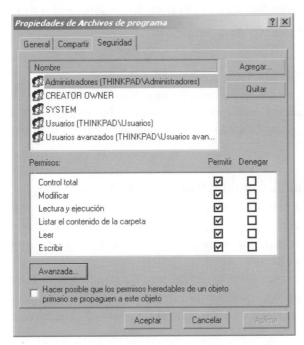

*Cada objeto de directivas de grupo tiene hojas de Propiedades que permite, como en este caso, definir los permisos de acceso y asignar a grupos.*

El ODG almacena la información de las directivas en dos ubicaciones. Los **Contenedores de directivas de grupo** son objetos de Active Directory que contienen las propiedades de uno o más ODGs; pueden contener subcontenedores que incluyen información de grupos de usuarios y de computadoras. Las **Plantillas de directivas de grupo**

(*Group Policies Templates*) constituyen una estructura de carpetas y subcarpetas en el volumen de sistema de un controlador de dominio y funcionan como contenedores de las directivas de *software, scripts* e información de seguridad, entre otras cosas.

Como dijimos antes, las directivas de grupo son hereditarias y acumulativas y afectan a todas las computadoras y cuentas de usuario en el contenedor de AD al cual el ODG está asociado.

El orden de herencia es sitio, dominio y luego UO. Sin embargo, el orden de prioridad se establece cuanto más cerca esté la directiva de la computadora o del usuario. En otras palabras, si hay un conflicto entre dos configuraciones perteneciente una al dominio y la otra a la UO, tiene prioridad esta última por estar más cerca del objeto computadora o del objeto usuario. Y si hay un conflicto entre la directiva de la computadora y la del usuario, se aplica esta última.

---

HAY QUE SABERLO

## PARA TENER EN CUENTA

En algunos casos, sin embargo, es necesario que la prioridad sea inversa, es decir, que las opciones de UO tengan precedencia sobre las del usuario. En ese caso, mediante el Administrador de Active Directory es posible cambiar el orden de procesamiento.

---

## Trabajar con directivas de grupo

El primer paso para crear una directiva de grupo es crear o abrir un ODG. Desde el **Administrador de Active Directory**, seleccione un objeto y desde su hoja de Propiedades cree o modifique la directiva de grupo del objeto.

El resto de la tarea se lleva a cabo desde el **Editor de directivas de grupo**, un *snap-in* que puede instalarse en una consola según las instrucciones que vimos en el Capítulo 3, **Microsoft Management Console**.

El **Editor de Directivas de grupo** *permite configurar los múltiples parámetros que Windows 2000 ofrece para mantener la seguridad de un sistema.*

En la estructura de árbol del panel izquierdo, las ramas principales son **Configuración del equipo** y **Configuración del usuario**.

Las carpetas de **Configuración del equipo** contienen parámetros que se usan para personalizar el entorno de trabajo y se activan cada vez que se enciende el equipo. De entre las directivas que se pueden configurar, se cuentan las contraseñas (cantidad de caracteres y vigencia), el *software* a instalar, planes de auditoria, opciones de seguridad, etc. Esta configuración se pone en marcha cada vez que se enciende la máquina independientemente de qué usuario se loguee.

De entre las prestaciones de la carpeta de **Configuración del usuario**, figuran la configuración de Internet Explorer, los *scripts* (archivos de comandos) de inicio y cierre, y los servicios de instalación de aplicaciones. Esta configuración se aplica cada vez que el usuario se loguea, independientemente de en qué máquina lo haga.

Ambas carpetas tienen una subcarpeta llamada **Plantillas administrativas**, las que le permiten modificar innumerables definiciones, desde la apariencia del *shell* de Windows hasta la protección de los archivos de sistema, pasando por el comportamiento de los archivos fuera de línea y de otros componentes de Windows como el Programador de tareas.

# Repaso

En este capítulo usted ha visto:

1. Cuál es la necesidad de mantener un sistema de seguridad en una red.

2. Qué son las claves públicas y privadas y cómo funcionan. Qué es una Autoridad de certificación.

3. Cuál es el protocolo de seguridad más importante que utiliza Windows 2000. Cómo funciona Kerberos, qué es un *ticket* y cómo gracias a SSPI cualquier aplicación puede hacer uso de sus prestaciones de seguridad.

4. Qué son los certificados de seguridad. Cuál es la herramienta que se usa para administrarlos y qué son las plantillas de seguridad. Cómo crear su propia entidad emisora de certificados.

5. Qué son y cómo funcionan las tarjetas inteligentes.

6. Qué son, para qué sirven y cómo se configuran las directivas de grupo.

# MIGRANDO A WINDOWS 2000

**Donde se muestra un plan tentativo para
actualizar la red a Windows 2000.**

Apéndice **A**

# Server

La migración y el despliegue (*deployment*) de un sistema en red tiene tantas particularidades como empresas, corporaciones, instituciones u oficinas intervengan en la estructura de la red.

Por otra parte, cada red precisa de distintos enfoques, por cuanto no es lo mismo una red administrativa interna que una que posee conexión con Internet, que otra dentro de la cual convivan distintos sistemas operativos u otra que posea algunos integrantes portátiles.

Sin embargo, hay una serie de pautas a seguir para lograr una migración exitosa –o por lo menos con la menor cantidad de incidentes posible– la mayor parte de las cuales se llevan a cabo **antes** de la instalación y actualización del sistema operativo propiamente dicha. Nunca como en este caso es más válida la premisa de que antes de poner manos a la obra, hay que tener el diseño terminado en el tablero de dibujo.

Para describir el procedimiento de planificación de la migración, nos vamos a basar en un esquema de seis pasos propuesto por Anthony Northrup en su libro *Introducing Windows 2000 Server*, al que remitimos si usted desea mayor profundidad en los conceptos desarrollados para Windows 2000.

## Fase 1: Limpieza y depuración

Una primera idea implica hacer la migración tan simple como sea posible. Aun cuando es una buena práctica de todos los días, antes de una migración, la limpieza y depuración de una red es fundamental.

En esta etapa se trata de verificar la base de datos de las cuentas de usuario para asegurarse de que no hay cuentas duplicadas o sin uso. Elimine todas las carpetas y archivos innecesarios tanto en los servidores como en los clientes y asegúrese de tener la mayor cantidad de espacio libre disponible en los disco rígidos de sus máquinas.

Éste es el momento, también, de llevar a cabo esas actualizaciones de *hardware* que había dejado de lado. Recuerde que el soporte de *hardware* de Windows 2000 es mucho mejor que el de Windows NT 4, sin embargo, también lo son los requerimientos.

Migrando a Windows 2000 A

## Fase 2: Actualización

Lo ideal sería tener la red lista para la migración antes de instalar Windows 2000. Eso se logra teniendo en cuenta algunas condiciones:

- Fíjese si puede eliminar todos los protocolos de red que no sean TCP/IP. La mayor parte de los sistemas operativos lo soportan, así que no habría, teóricamente, problemas de compatibilidad.
- Trate de utilizar extensamente los servicios de TCP/IP, especialmente si tiene Windows NT 4. Haga que sus servidores y clientes utilicen WINS y, si es posible, DHCP.
- Implemente DNS y haga que todas sus máquinas lo usen. Trate de migrar todos los servidores a Windows NT de modo de lograr, luego, que la transición a Active Directory sea más fácil. Si no puede migrar todos, cree un subdominio administrado por un servidor NT.
- Como Windows 2000 no necesita NetBIOS, puede facilitar la migración haciendo que todos los sistemas tengan un nombre que corresponda al de la máquina. Por ejemplo, si un sistema se llama Cuentas y tiene un FQDN como www.miempresa.com, déle al equipo un alias DNS tipo cuentas.miempresa.com.

SUGERENCIA

### SERVICE PACK 4 Y OPTION PACK

Si está actualizando sobre Windows NT 4 Server, es conveniente, por no decir imprescindible, que tenga instalados tanto el **Service Pack 4** como el **Option Pack** (con IIS 4 y TS). Ambos se bajan gratuitamente desde el sitio de Microsoft: www.microsoft.com.

En algún momento de esta etapa, le conviene hacer un *backup*, en lo posible completo de cada disco o, por lo menos, de cada documento y aplicación importante que funcione adecuadamente.

## Fase 3: Planeamiento

Tómese el tiempo de crear un diagrama de la nueva arquitectura, listando todo *hardware* y *software* adicional que necesite; utilice esta lista para crear un presupuesto y una lista de tareas.

Recuerde que Windows 2000 tiene diferentes requerimientos que Windows NT 4. Por ejemplo, Windows 2000 necesita menos dominios y, por lo tanto, menos controladores de dominio, pero por el otro lado, una estructura DNS quizás necesite nuevo *hardware*.

En la determinación del nuevo presupuesto no contemple sólo el valor monetario de las nuevas licencias de *software* o de los nuevos dispositivos de *hardware* que requiera. Incluya la mano de obra de los técnicos que deban montar el equipamiento, así como el tiempo extra que los empleados necesiten para configurar o aprender nuevas tareas.

Al crear una lista de tareas detallada, asegúrese de no omitir ningún paso. Distribuya esta lista de tareas de modo de que todos sepan que habrá momentos en los que la red esté fuera de línea y recursos que no estarán disponibles. Adjunte, además, una buena línea de tiempo basada en cuántas horas puede necesitar para implementar cada paso. Sea generoso con el tiempo y añada un poco más para solventar imprevistos.

Finalmente, si tiene la lista de tareas y la cantidad de horas que insumirá cada una, añada a la ecuación los recursos humanos con los que cuente. Es posible que pueda llevar a cabo más de una tarea simultáneamente si posee la cantidad de personal adecuada. Windows 2000 es nuevo para todos, por lo que cierto entrenamiento y capacitación serán necesarios.

## Fase 4: Testeo

En un mundo ideal, todo el *software* debería funcionar como se espera que lo haga. En el mundo real –y los administradores de red los saben– las cosas casi nunca suceden como se previeron.

Una de las alternativas que existen para evitar la máxima cantidad de problemas es establecer máquinas de testeo. Separe algunas computadoras de la red, instale Windows 2000 Server en alguna y Windows 2000 Pro en otra/s. Si la red va a ser heterogénea, reserve alguna/s para otros sistemas operativos. Instale y pruebe todo el *software* que se usa habitualmente en la red, tanto el de administración como el de productividad.

Verifique que el pequeño modelo de red funcione de la misma manera en que lo hacía hasta el momento con Windows NT o el sistema operativo que estuvo usando. Seguramente van a aparecer problemas de configuración, de incompatibilidad o, simplemente, de incapacidad de correr. Es en la fase de testeo donde es preferible que estos problemas aparezcan.

De esta manera, no sólo previene los que puedan surgir durante la tarea concreta, sino que tendrá la oportunidad de intercambiar información con los soportes técnicos de los distintos *software* y de elaborar

**Migrando a Windows 2000** | A

estrategias de contingencia para el caso de que los problemas surjan en el mundo real.

Más aun, si puede, testee de la misma manera una muestra del *hardware* que se utilizará.

Obviamente el tiempo de testeo dependerá de la planificación. No se debe saltear esta fase, especialmente si la migración será a gran escala, pero tampoco derroche recursos en una tarea de testeo más allá de lo necesario.

## Fase 5: Migración propiamente dicha

Si la planificación y el testeo se hicieron correctamente, esta fase, que es la de instalar y configurar Windows 2000 en todos los sistemas, debería ser fácil y sin obstáculos. En todo caso, si aparece alguno, tendría que ser rápidamente resuelto.

El tema aquí es si la propia migración debería hacerse en uno o más pasos.

La recomendación general es que en organizaciones pequeñas, con menos de 50 equipos, la actualización podría hacerse de una sola vez. Hay que planificar hacerla fuera de hora o cuando los riesgos por dejar fuera de línea el sistema sean mínimos.

Las organizaciones más grandes no soportan la actualización en una sola etapa. Por el contrario, en este caso la idea es trabajar en las fracciones más pequeñas posibles. Comience con los controladores de dominio primarios a Windows 2000 y déjelos trabajar toda una semana antes de continuar con el próximo paso. De esta manera, lleva a cabo una última fase de testeo en un entorno de producción real.

Al terminar de actualizar todos los servidores, comience con los clientes, de a un departamento por vez. Llevando a cabo la migración en pequeños pasos, se limita la posibilidad de graves inconvenientes a relativamente pocos equipos y a una relativamente pequeña fracción de la red.

## Fase 6: Determinar el resultado

No hay que quedarse tranquilo luego de haber actualizado el último de los equipos. Siempre es conveniente efectuar una serie de testeos para validar la funcionalidad de la nueva red.

Además es sabido que siempre aparecen problemas que no estaban previstos dado que el trabajo cotidiano nunca puede simularse perfectamente en un equipo de pruebas. Así se prepara también para la tarea de soporte de los usuarios. Más aun, en el peor de los casos debería estar preparado para volver atrás en algunos equipos, es decir, restaurar el sistema operativo anterior, que recuperará del *backup* que hizo durante la etapa de actualización.

Cada etapa de la migración deberá –o debería– estar perfectamente documentada. La documentación no sólo le servirá al administrador o gerente de sistemas o al responsable de la migración como información o como resumen de aprendizaje y entrenamiento, sino que también le será útil para crear documentación específica para usuarios específicos –que necesiten, por ejemplo, instrucciones para llevar a cabo *backups*–, una guía de resolución de problemas (si ya resolvió un problema durante la fase de testeo, debería poder hacerlo durante el funcionamiento final de la red) y como material para intercambiar información con el o los soportes técnicos tanto del *software* como del *hardware*.

Migrando a Windows 2000    A

## Instrucciones para la desinstalación de Windows 2000 — PASO A PASO

*Si usted instaló Windows 2000 en una carpeta separada (probablemente,* \Winnt*) y, por lo tanto, tiene booteo doble entre Windows 2000 y su sistema operativo anterior, haga lo siguiente:*

**1** Arranque en Windows 95/98. Cree un disco de inicio desde Agregar o quitar programas/Disco de Inicio del Panel de Control. En Windows 95, asegúrese de agregar **sys.com** al disquete, archivo que encontrará en la carpeta \Windows\Command.

**2** Arranque el equipo con el disco de inicio y ejecute sys c:, sin comillas, desde la línea de comandos de DOS. Cuando aparezca el mensaje "Sistema transferido", quite el disquete y reinicie la máquina. Si todo ha salido bien, deberá arrancar en Windows 95/98.

**3** Borre la carpeta de instalación de Windows 2000 (si no es \Winnt, busque la que tenga el nombre que usted eligió). Si instaló Windows 2000 en otra partición distinta de la de instalación de Windows 95/98, puede borrar también la carpeta **Archivos de programa.**

*Si instaló Windows 2000 actualizando un sistema operativo anterior, tiene dos opciones:*

• Si, durante la instalación, Windows 2000 le solicitó permiso para guardar los archivos del sistema operativo anterior, en Agregar o quitar Programas/Componentes de Windows del Panel de Control debería haber una opción llamada **Desintalar Windows 2000**. Perderá todas las instalaciones y configuraciones posteriores a la instalación de **Windows 2000**, pero recuperará su Windows anterior exactamente igual a como estaba antes.

• Si, durante la instalación, Windows no le pidió permiso para almacenar los archivos del sistema operativo anterior, convirtió su disco a **NTFS** o, por alguna razón, borró los archivos que guardaban el sistema operativo anterior, sólo le queda volver a formatear el disco y reinstalar Windows 95/98 desde cero.

# PARÁMETROS DE LÍNEA DE COMANDOS

**Donde se ve qué parámetros se pueden adicionar para modificar el comportamiento de winnt.exe y de winnt32.exe.**

## Apéndice B

# Parámetros de línea de comandos

## Winnt.exe

Instala Windows 2000 Server y Pro desde cualquier sistema operativo. La sintaxis es:

winnt [/s: *fuente*] [/t: *temp*] [/u: *arch_respuesta*] [/udf: *id* [*,arch_UDB*]] [/r: *carpeta*] [/rx: *carpeta*] [/e: *comando*] [/a]

| Parámetros | Descripción |
|---|---|
| /s:fuente | Especifica el *path* de ubicación de los archivos de Windows 2000. Se debe ingresar en el formato x:\[path] o \\server\share[\path]. |
| /t:temp | Indica al programa de instalación que ubique archivos temporarios en tal unidad y que instale Windows 2000 en ella. |
| /u:arch_respuesta | Lleva a cabo una instalación desatendida usando el archivo indicado como respuesta. Este archivo responde a las cajas de diálogo que aparecerían durante la instalación. Debe especificar además /s. |
| /udf:id [,arch_UDB] | Marca un identificador (id) que winnt usa para especificar cómo un archivo UDB (Uniqueness DataBase) modifica un archivo de respuesta usado con /u. El parámetro /udf tiene prioridad sobre los valores del archivo de respuesta y el identificador determina qué valores de UDB se usarán. Si no se especifica un archivo UDB, winnt pedirá que se inserte un disquete con el archivo $Unique$.udb. |
| /r:carpeta | Especifica una carpeta de instalación opcional. Ésta queda después de la instalación. |
| /rx:carpeta | Especifica una carpeta de instalación opcional. Ésta se borra después de la instalación. |
| /e:comando | Especifica un comando que se ejecutará al finalizar la instalación en el modo gráfico. |
| /a | Activa las opciones de accesibilidad. |

## Winnt32.exe

Instala o actualiza Windows 2000 Server o Windows 2000 Professional desde el símbolo de sistema de Windows 95, Windows 98, o Windows NT. La sintaxis es:

**winnt32** [**/s:***fuente*] [**/temp:***let_unidad*] [**/unattend**[*num*]:[*answer_file*]] [**/copydir:***nom_carpeta*] [**/copysource:***nom_carpeta*] [**/cmd:***comando_line*][**/debug**[*nivel*]:[*filename*]] [**/udf:***id*[,*UDF_file*]] [**/syspart:***let_unidad*] [**/checkupgradeonly**] [**/cmdcons**] [**/m:***nom_carpeta*] [makelocalsource] [**/noreboot**]

| Parámetros | Descripción |
|---|---|
| /s:fuente | Especifica el *path* de ubicación de los archivos de Windows 2000. Se debe ingresar en el formato x:\[path] o \\server\share[\path]. Para copiar archivos de múltiples servidores simultáneamente, especifique varios parámetros /s. |
| /temp:let_unidad | Indica al programa de instalación que ubique archivos temporarios en tal partición y que instale Windows 2000 en ella. |
| /unattend | Actualiza su versión anterior de Windows 2000 en modo desatendido. La configuración se toma de la instalación previa, por lo que no es necesaria la intervención del usuario. |
| /unattend[num]: [arch_respuesta] | Realiza una instalación nueva en modo desatendido. El archivo de respuestas provee a winnt32 con las especificaciones. Num es el número de segundos entre el final de la instalación y el *rebooteo*. |
| /copydir:nom_carpeta | Crea una carpeta adicional dentro de la carpeta en la que se instalan los archivos de Windows 2000. Si la carpeta fuente contiene una subcarpeta con controladores específicos, llamada, por ejemplo, Drivers, /copydir: Drivers va a crear una carpeta con el mismo nombre dentro de la de Windows. Puede usar /copydir: para crear todas las carpetas que necesita. |
| /copysource:nom_carpeta | Crea una carpeta temporal adicional dentro de la carpeta en la que se instalan los archivos de Windows 2000. A diferencia de /copydir:, /copysource: elimina la carpeta al finalizar la instalación. |

| | |
|---|---|
| `/cmd:comando` | Indica a `winnt32` que ejecute un comando antes de la etapa final de instalación. Éste se ejecutará después de que la computadora haya *rebooteado* dos veces y de que haya recolectado toda la información de configuración que necesita, pero antes de que la instalación haya terminado. |
| `/debug[nivel]:[arch]` | Crea un reporte de errores (`debug log`) según el nivel especificado. Los niveles son: 0 – errores severos; 1 – errores; 2 – advertencias; 3 – información y 4 – información detallada; cada nivel contiene a los anteriores. El archivo predeterminado es `C:\%Windir%\Winnt32.log` y el nivel de errores predeterminado es 2. |
| `/udf:id[,UDF_file]` | Indica un identificador (`id`) que `winnt32` usa para especificar cómo un archivo `UDB` (Uniqueness Database) modifica un archivo de respuesta usado con `/u`. El parámetro `/udf` tiene prioridad sobre los valores del archivo de respuesta y el identificador determina qué valores de `UDB` se usarán. Si no se especifica un archivo `UDB`, `winnt32` pedirá que se inserte un disquete con el archivo `$Unique$.udb`. |
| `/syspart:let_unidad` | Especifica que va a copiar los archivos de arranque en un disco rígido y lo marca como activo. Luego se instala el disco en otro equipo. Durante el primer arranque, automáticamente pasa a la siguiente etapa de instalación. Siempre se debe definir el parámetro `/temp`. |
| `/checkupgradeonly` | Chequea la computadora para ver si es compatible con Windows 2000. En el caso de Windows 95/98, crea un informe llamado `upgrade.txt` en la carpeta de Windows. Para Windows NT 3.51/4.0 almacena la información en `Winnt32.log`. |
| `/cmdcons` | Añade a la pantalla de selección de sistema operativo una opción llamada **Consola de Recuperación** para reparar una instalación fallida. Este parámetro se usa luego del intento de instalación. |
| `/m:nom_carpeta` | Especifica que `winnt32` copie archivos de reemplazo en una ubicación alternativa. Le indica al programa de instalación que se fije primero en esta ubicación y que, si los archivos están presentes, los use en lugar de los de la carpeta predeterminada. |
| `/makelocalsource` | Le indica a `winnt32` que copie todos los archivos de instalación en el disco rígido local. Este parámetro es útil para proveer archivos de instalación una vez retirado el CD o con el equipo fuera de línea. |
| `/noreboot` | Instruye a `winnt32` que no reinicie la computadora después de completar la fase de copia de archivos, de modo que usted pueda ejecutar un comando. |

B

Parámetros de líneas de comandos

# SERVICIOS AL LECTOR

**En esta importante sección encontrará todos los servicios adicionales que Compumagazine pone a disposición de los lectores, para garantizar una comprensión integral del tema desarrollado en este libro.**

# Atajos de teclado

## *Generales de Windows 2000*

| Presione | Para |
| --- | --- |
| CTRL+C | Copiar. |
| CTRL+X | Cortar. |
| CTRL+V | Pegar. |
| CTRL+Z | Deshacer. |
| DEL | Borrar. |
| SHIFT+DEL | Borrar permanentemente (no se envía a la Papelera de reciclaje). |
| CTRL mientras se arrastra | Copiar el elemento seleccionado. |
| CTRL+SHIFT mientras se arrastra | Crear un acceso directo al elemento seleccionado. |
| F2 | Renombrar el elemento seleccionado. |
| CTRL+FLECHA DERECHA | Mover el cursor al comienzo de la próxima palabra. |
| CTRL+FLECHA IZQUIERDA | Mover el cursor al comienzo de la palabra anterior. |
| CTRL+FLECHA ABAJO | Mover el cursor al comienzo del próximo párrafo. |
| CTRL+FLECHA ARRIBA | Mover el cursor al comienzo del párrafo anterior. |
| CTRL+SHIFT con cualquier flecha | Seleccionar un bloque de texto. |
| SHIFT con cualquier flecha | Seleccionar más de un ítem en una ventana o en el Escritorio o seleccionar texto en un documento. |
| CTRL+E | Seleccionar todo. |
| F3 | Buscar un archivo o carpeta. |
| CTRL+A | Abrir un ítem. |
| ALT+ENTER | Ver las propiedades de un elemento seleccionado. |
| ALT+F4 | Cerrar el elemento activo o el programa abierto. |
| CTRL+F4 | Cerrar la ventana activa en programas que permiten más de una ventana abierta. |
| ALT+TAB | Ciclar entre elementos abiertos. |
| ALT+ESC | Ciclar entre elementos abiertos en el orden en el que fueron abiertos. |
| F6 | Ciclar entre elementos en una caja de diálogo o en el Escritorio. |
| F4 | Desplegar la Barra de Direcciones en el Explorador o una ventana de carpeta. |

Servicioa al lector

| | |
|---|---|
| SHIFT+F10 | Abrir el menú contextual del elemento seleccionado. |
| ALT+ESPACIO | Desplegar el menú de sistema de la ventana activa. |
| CTRL+ESC | Abrir el menú del botón Inicio. |
| ALT+letra subrayada en un menú | Desplegar el menú correspondiente. |
| Letra subrayada en el nombre del comando de un menú | Ejecutar el comando correspondiente |
| F10 | Activar la Barra de Menúes del programa activo. |
| FLECHA DERECHA | Abrir el menú de la derecha o desplegar un submenú. |
| FLECHA IZQUIERDA | Abrir el menú a la izquierda o cerrar un submenú. |
| F5 | Actualizar el contenido de la ventana activa. |
| BACKSPACE | Ver la carpeta del nivel superior en el Explorador o una ventana de carpeta. |
| ESC | Cancelar la tarea actual. |
| SHIFT insertando un CD en la lectora | Evitar que el CD se ejecute automáticamente. |

## Explorador de Windows

| Presione | Para |
|---|---|
| END | Ir al final de la ventana activa. |
| HOME | Ir al principio de la ventana activa. |
| NUM LOCK + asterisco en el teclado numérico (*) | Desplegar todas las subcarpetas debajo de la carpeta seleccionada |
| NUM LOCK + signo más en el teclado numérico (+) | Mostrar el contenido de la carpeta seleccionada. |
| NUM LOCK + signo menos en el teclado numérico (-) | Colapsar la carpeta seleccionada. |
| FLECHA IZQUIERDA | Colapsar la selección actual si está expandida o seleccionar la carpeta superior. |
| FLECHA DERECHA | Mostrar la selección actual si está colapsada o seleccionar la primera subcarpeta. |

## Cajas de diálogo

| Presione | Para |
|---|---|
| CTRL+TAB | Moverse hacia adelante por las solapas. |
| CTRL+SHIFT+TAB | Moverse hacia atrás por las solapas. |
| TAB | Moverse hacia adelante por las opciones. |
| SHIFT+TAB | Moverse hacia atrás por las opciones. |
| ALT+letra subrayada | Ejecutar el comando correspondiente o seleccionar la opción correspondiente. |
| ENTER | Ejecutar el comando de la opción o control en foco. |
| ESPACIO | Chequear o quitar el chequeo en los casilleros de chequeo. |
| FLECHAS | Seleccionar un botón en el grupo de botones de opción. |
| F1 | Mostrar la ayuda. |
| F4 | Desplegar la lista de un combo. |
| BACKSPACE | Abrir la carpeta del nivel superior si está seleccionada en una caja de diálogo Abrir o Guardar como. |

## Microsoft Natural Keyboard

En este caso los atajos se refieren a la tecla con el logo de Windows (WIN) y a la llamada tecla de Aplicaciones (APP), que simboliza un menú.

| Presione | Para |
|---|---|
| WIN | Mostrar u ocultar el menú del botón Inicio. |
| WIN+BREAK | Mostrar la hoja de Propiedades de sistema. |
| WIN+D | Minimizar o restaurar todas las ventanas. |
| WIN+E | Abrir Mi PC. |
| WIN+F | Buscar archivos o carpetas. |
| CTRL+ WIN+F | Buscar computadoras. |
| WIN+F1 | Mostrar la ayuda de Windows 2000. |
| WIN+R | Abrir la caja de diálogo Ejecutar del menú del botón Inicio. |
| WIN+TAB | Ciclar entre elementos abiertos. |
| APP | Desplegar el menú contextual del elemento seleccionado. |
| WIN+U | Abre el Administrador de Utilidades de Accesibilidad. |

Servicioa al lector

# Los mejores sitios web

### Windows 2000

www.microsoft.com/windows2000/default.asp

El sitio de Microsoft dedicado a Windows 2000. Algo así como la *home page* de Windows 2000.

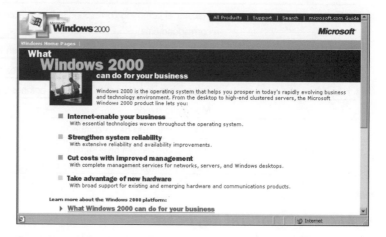

### The Windows mill.

www.mindspring.com/~ggking3/pages/windmill.htm

En este sitio encontrará la información más actualizada sobre la marcha de los distintos sistemas operativos de Microsoft y de las aplicaciones en relación a ellos. De interés más periodístico que técnico.

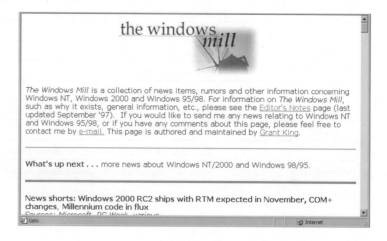

### *Frank Condron's World O' Windows*

www.worldowindows.com

El clásico sitio de Frank Condron, ahora con Windows 2000 añadido. Se destacan las Windows 2000 Guides, una serie de páginas con instrucciones para configurar distintos componentes de Windows 2000.

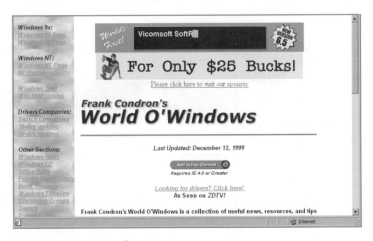

### *The Windows NT/2000 Resource Center*

www.bhs.com

Lo destacable de este sitio es el soporte técnico en forma de foro. Si ingresa su duda o problema, los integrantes del foro le responderán. Además, programas, noticias y vínculos.

## Ethek & Friends © Pon Tu Windows al 100%

usa.ethek.com

El más importante sitio en español dedicado a los distintos modelos de Windows y a sus aplicaciones. Puede suscribirse y recibir actualizaciones por *e-mail*. Lo destacado: foros en castellano dedicados a Windows 2000.

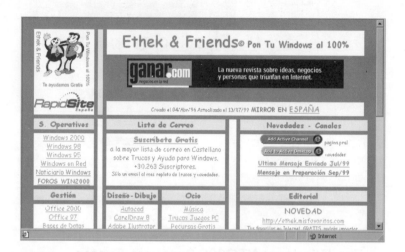

## WinPlanet™ A World of Premium Windows Information

www.winplanet.com/winplanet

Otro sitio dedicado a soporte técnico de los distintos sistemas operativos de Microsoft, que incluye foros de discusión, *download* de programas y *drivers*.

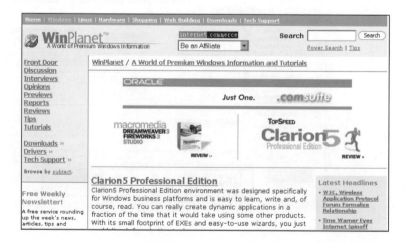

## Annoyances.org

www.annoyances.org

Otro clásico sitio de Windows dedicado a trucos y técnicas, ahora abriendo la página de Windows 2000.

## WinDrivers.com

www.windrivers.com

Algo así como AltaVista o Yahoo! pero dedicado a controladores de todo tipo de *hardware*. Incluye foros de discusión y de consultas.

Servicioa al lector

## @Macarlo, Inc. Internet Services

www.macarlo.com/win2000main.htm

A despecho del nombre, este sitio está dedicado a información y eventos para desarrolladores relacionados con Windows 2000 e informes sobre aplicaciones testeadas en Windows 2000 Pro.

# Índice alfabético

Las **negritas** indican una referencia a un capítulo o subcapítulo.

Servicioa al lector

## LAVES PARA COMPRAR
N LIBRO DE
OMPUTACIÓN

**1) Revise la fecha de publicación**

stá en letra pequeña en las
rimeras páginas; si es un
bro traducido, la que vale es
a fecha de la edición original.
ntre libros similares, siempre
ompre el de fecha más
eciente.

**2) Chequee el idioma**

o sólo el del texto; también
evise que las pantallas
ncluidas en el libro estén en
l mismo idioma del
rograma que usted utiliza.
sté atento además
palabras no empleadas en
uestro país, como "fichero"
"ordenador": un libro
scrito en la Argentina es
ucho más fácil de leer que
no proveniente de España o
aducido en México.

**3) Preste atención al diseño**

ompruebe que el libro tenga
uías visuales, explicaciones
aso a paso, recuadros con
nformación adicional y gran
antidad de pantallas. Su
ectura será más ágil y
tractiva que la de un libro
e puro texto.

**4) Sobre el autor y la editorial**

evise que haya un cuadro
sobre el autor", en el que se
nforme de su experiencia en
l tema. En cuanto a la
ditorial, es conveniente que
ea especializada en
omputación.

**5) Compare precios**

uele haber grandes
iferencias de precio entre
ibros del mismo tema; si no
iene el valor en la tapa,
regunte y compare.

**6) ¿Tiene valores agregados?**

esde un CD-ROM hasta un
eñalador, desde un Servicio
e Atención al Lector hasta la
osibilidad de leer el sumario
n la Web para evaluar con
ranquilidad la compra, o la
resencia de buenos índices
emáticos, todo suma al valor
e un buen libro.

---

## www.bookshow.com.ar

# Visite nuestro sitio web

Utilice nuestro sitio www.bookshow.com.ar:
- Vea información más detallada sobre cada libro de este catálogo.
- Obtenga un capítulo gratuito para evaluar la posible compra de un ejemplar.
- Conozca qué opinaron otros lectores.
- Compre los libros sin moverse de su casa y con importantes descuentos.
- Publique su comentario sobre el libro que leyó.
- Manténgase informado acerca de las últimas novedades y los próximos lanzamientos.

También puede conseguir nuestros libros en kioscos, librerías, cadenas comerciales, supermercados y casas de computación de todo el país.

### Todos los recursos del marketing en la Web

Las mejores ideas y soluciones para desarrollar un sitio web profesional. Cómo crear y administrar un sitio con DreamWeaver 2 de Macromedia, Photoshop y el trabajo con imágenes, Thumbs Plus 4 y las galerías de imágenes, la subida a los servidores con WS_FTP, opciones avanzadas y mucho más.

COLECCIÓN: PYMES
$19,90 / ISBN 987-526-026-6
256 págs. / Peso: 373 grs.

### Técnicas y recursos para el uso intensivo de la PC

Desde la sencilla escritura de un informe hasta la presentación de una declaración jurada a la AFIP-DGI.
En el CD: el mejor software de gestión administrativa e impuestos, plantillas y ejemplos.

COLECCIÓN: PROFESIONALES
$19,90 / ISBN 987-526-023-1
259 págs. / Peso: 376 grs.

### Consejos útiles y técnicas avanzadas

Todo lo que se necesita saber para garantizar el éxito de una idea. Desde la creación de una presentación estándar en pocos minutos, hasta el dominio de las técnicas más avanzadas, animaciones y efectos 3D para sorprender a cualquier audiencia.

COLECCIÓN: PC USERS EXPRESS
$13,90 / ISBN 987-526-025-8
256 págs. / Peso: 375 grs.

### 8 horas de música y 140 MB de software en un CD-ROM increíble

Todo lo que se necesita saber para aprovechar al máximo el formato que está revolucionando el mundo de la música. En el CD: los mejores programas, 40 plug-ins, 120 canciones inéditas de 29 bandas y una colección de 500 skins.

COLECCIÓN: PC USERS ESPECIAL
$12,90 / ISBN 987-526-027-4
48 págs. / Peso: 71 grs.

### Cómo promocionar un sitio web

Más de 100 ideas y consejos para promocionar un sitio web, garantizar que lo recomienden y vuelvan a visitarlo. Además, una guía de recursos de marketing en la Web, y un listado de los principales portales y buscadores de todo el mundo.

COLECCIÓN: PYMES
$16,90 / ISBN 987-526-022-3
258 págs. / Peso: 376 grs.

### AutoCAD 2000

Toda la información del programa líder de dibujo técnico utilizado por arquitectos, urbanistas, diseñadores industriales e ingenieros.
En el CD: la versión trial del programa por 30 días, bloques y dibujos, y el mejor software relacionado.

COLECCIÓN: PC USERS
$29,90 / ISBN 987-526-021-5
535 págs. / Peso: 971 grs.

## Técnicas avanzadas con Office 2000

Para los usuarios que necesitan aprovechar al máximo los recursos del poderoso paquete Office. En el CD-ROM: el mejor software, tutoriales, tests de autoevaluación, imágenes, sonidos, archivos MIDI y las mejores 100 fuentes tipográficas.

COLECCIÓN: COMPUMAGAZINE
$19,90 / ISBN 987-526-019-3
316 págs. / Peso: 552 grs.

## Técnicas avanzadas con Excel 2000

El libro del creador de la sección Superplanilla de la revista PC Users propone superar los conocimientos de un usuario medio de Excel.
Con prácticos ejemplos, y un lenguaje simple y sin tecnicismos, explica las características poco aprovechadas del programa y todos sus secretos.

COLECCIÓN: COMPUMAGAZINE
$17,90 / ISBN 987-526-020-7
286 págs. / Peso: 502 grs.

## Visual Basic 6.0

Descubra el entorno de desarrollo, construya aplicaciones veloces y domine las técnicas de programación avanzada. En el CD-ROM: Visual Basic 6.0 Working Model, utilitarios para programadores, imágenes, sonidos y el mejor soft sobre el tema.

COLECCIÓN: COMPUMAGAZINE
$29,90 / ISBN 987-526-018-5
617 págs. / Peso: 1,08 kg.

## FrontPage 2000

Aprenda paso a paso a diseñar, publicar y realizar el mantenimiento de un sitio web. Uso de componentes dinámicos, formularios y CGI. Trabajo con imágenes, sonido y videos. En el CD-ROM: más de 40 programas, galerías de imágenes, tutoriales y tests de autoevaluación.

COLECCIÓN: PC USERS MANUALES
$19,90 / ISBN 987-526-017-7
255 págs. / Peso: 477 grs.

## Introducción al Marketing en Internet

Conozca en profundidad los elementos que garantizan el éxito de su sitio web. Estrategias para incrementar el tráfico, cómo elegir el proveedor más adecuado y rankear un sitio en los mejores buscadores, principios del e-commerce y mucho más.

COLECCIÓN: PYMES
$16,90 / ISBN 987-526-016-9
225 págs. / Peso: 328 grs.

## 1500 fuentes para la PC

Las mejores tipografías organizadas en familias para que encuentre con rapidez el estilo de su trabajo.
En el CD-ROM: los programas más adecuados para el manejo, administración, visualización y edición de fuentes tipográficas.

COLECCIÓN: PC USERS EN CD
$15,90 / ISBN 987-526-014-2
191 págs. / Peso: 312 grs.

### Office 2000

Con un nuevo diseño, novedosos servicios al lector y el más completo CD-ROM con la actualización de Windows 98 Second Edition, más de cien videos explicativos y 50 jugosos programas. El mejor libro para los que recién empiezan y para los usuarios de Office que desean estar actualizados.

COLECCIÓN: PC USERS MANUALES
$19,90 / ISBN 987-526-015-0
298 págs. / Peso: 532 grs.

### Curso práctico de Word

El curso más completo y práctico explicado paso a paso. Diseñado para que todo usuario novato domine a la perfección, y en tan sólo 10 horas, las herramientas de Word. Manejo de archivos, cómo editar y presentar un trabajo, tablas, columnas y mucho más.

COLECCIÓN: APRENDIENDO PC
$17,90 / ISBN 987-526-011-8
281 págs. / Peso: 493 grs.

### Curso avanzado de Word

Un curso pensado para que, fácilmente y en sólo 10 horas, se obtengan los conocimientos de un experto en el manejo de imágenes, mailings, creación de páginas web, uso de macros y elaboración de tablas de contenido. Incluye todo lo nuevo de Word 2000.

COLECCIÓN: APRENDIENDO PC
$17,90 / ISBN 987-526-012-6
250 págs. / Peso: 437 grs.

### Guía rápida de Internet Explorer 5

La más completa y actualizada, con trucos no documentados y todas las ventajas que hacen de nuestros libros de computación los mejores del mercado. En el CD-ROM: la versión completa en español de IE5, Outlook 98, FrontPage 98, Dream Weaver 2 y más de 50 programas para Internet.

COLECCIÓN: PC USERS EXPRESS
$16,90 / ISBN 987-526-013-4
191 págs. / Peso: 29 grs.

### Excel 2000 para PyMEs

Un desarrollo de Excel en el ámbito empresarial que no encontrará en otro libro. Desde los conceptos básicos hasta las mejores aplicaciones, para sacar mayor provecho de sus datos, controlar el acceso a la información, manejar las funciones específicas y mucho más.

COLECCIÓN: PYMES
$16,90 / ISBN 987-526-020-7
286 págs. / Peso: 502 grs.

### Curso práctico de computación

Un completísimo curso diseñado para aprender en tiempo récord todo lo que hay que saber para ser un experto usuario de la PC. Toda la información para los que recién empiezan y para quienes quieren perfeccionar sus conocimientos.

COLECCIÓN: APRENDIENDO PC
$19,90 / ISBN 987-526-001-0
311 Págs. / Peso: 550 grs.

# Los mejores libros de computación
## Entregue este cupón a su canillita

✂ - - - - - - - - - - - - - - - - - - - - - - - - - - - - - - - - - - - - - - - - - - - - -

**APELLIDO Y NOMBRE**

**DIRECCIÓN**                                    **LOCALIDAD**

**CP**          **PROVINCIA**                    **PAÍS**

**TELÉFONO**                    **FAX**

**TÍTULOS SOLICITADOS:**

**ADJUNTO CHEQUE/GIRO Nº**      **C/BANCO**      **A FAVOR DE MP EDICIONES S.A.**

**DEBÍTESE DE MI TARJETA DE CRÉDITO EL IMPORTE $**      **A FAVOR DE MP EDICIONES S.A.**

**MASTERCARD** ☐      **AMERICAN EXPRESS** ☐      **VISA** ☐      **VTO.**      /      /

**NÚMERO DE TARJETA**                    **CÓDIGO DE SEGURIDAD**

**FIRMA DEL TITULAR**                    **FIRMA DEL SOLICITANTE**

**NOMBRE DEL VENDEDOR**

**PAQUETE Nº:** ☐☐  ☐☐☐  ☐☐☐      MP
             D     L     V

Complete este cupón y envíelo por fax al (011) 4954-1791, o por correo a:
MP Ediciones S.A. Moreno 2062 (1094) Capital Federal, o llamando al (011) 4954-1884.

# ¡Nos interesa conocer su opinión!

Queremos ofrecerle cada vez mejores libros. Ayúdenos completando esta encuesta (puede fotocopiarla).

## Datos personales

Nombre y Apellido . . . . . . . . . . . . . . . . . . . . . . . . . . . . . . . . . . . . . . . . . . . . .Edad . . . . . . . . . . . . . .

Dirección . . . . . . . . . . . . . . . . . . . . . . . . . . . . . . . . . . . . . . . . . . . . . . . . . . . . . . . . . . . . . .

Correo electrónico . . . . . . . . . . . . . . . . . . . . . . . . . . . . . . . . . . . Ocupación . . . . . . . . . . . .

## ¿Cuál es su nivel de usuario?

Principiante ⬭          Intermedio ⬭

Avanzado ⬭             Programador ⬭

## ¿Dónde compró el libro?

Internet ⬭          Quiosco ⬭          Librería o casa de computación ⬭

## ¿Cómo se decidió a comprarlo?

Ya posee otros libros de nuestra editorial ⬭

Por publicidad en medios gráficos ⬭

Por publicidad en nuestras revistas ⬭

Por recomendación de otra persona ⬭

Porque lo vio en el quiosco y le gustó ⬭

## ¿Qué le pareció el libro?

Excelente ⬭          Muy Bueno ⬭

Bueno ⬭             Regular ⬭          Malo ⬭

## Escriba sus sugerencias para la próxima edición

. . . . . . . . . . . . . . . . . . . . . . . . . . . . . . . . . . . . . . . . . . . . . . . . . . . . . . . . . . . . . . . . . . . . . . . . . . . . . . . .

. . . . . . . . . . . . . . . . . . . . . . . . . . . . . . . . . . . . . . . . . . . . . . . . . . . . . . . . . . . . . . . . . . . . . . . . . . . . . . . .

. . . . . . . . . . . . . . . . . . . . . . . . . . . . . . . . . . . . . . . . . . . . . . . . . . . . . . . . . . . . . . . . . . . . . . . . . . . . . . . .

. . . . . . . . . . . . . . . . . . . . . . . . . . . . . . . . . . . . . . . . . . . . . . . . . . . . . . . . . . . . . . . . . . . . . . . . . . . . . . . .

. . . . . . . . . . . . . . . . . . . . . . . . . . . . . . . . . . . . . . . . . . . . . . . . . . . . . . . . . . . . . . . . . . . . . . . . . . . . . . . .

## ¿Qué otros temas le gustaría ver publicados?

. . . . . . . . . . . . . . . . . . . . . . . . . . . . . . . . . . . . . . . . . . . . . . . . . . . . . . . . . . . . . . . . . . . . . . . . . . . . . . . .

. . . . . . . . . . . . . . . . . . . . . . . . . . . . . . . . . . . . . . . . . . . . . . . . . . . . . . . . . . . . . . . . . . . . . . . . . . . . . . . .

. . . . . . . . . . . . . . . . . . . . . . . . . . . . . . . . . . . . . . . . . . . . . . . . . . . . . . . . . . . . . . . . . . . . . . . . . . . . . . . .

. . . . . . . . . . . . . . . . . . . . . . . . . . . . . . . . . . . . . . . . . . . . . . . . . . . . . . . . . . . . . . . . . . . . . . . . . . . . . . . .

. . . . . . . . . . . . . . . . . . . . . . . . . . . . . . . . . . . . . . . . . . . . . . . . . . . . . . . . . . . . . . . . . . . . . . . . . . . . . . . .